V&R

Timm H. Lohse

Das Trainingsbuch zum Kurzgespräch

Ein Werkbuch für die seelsorgliche Praxis

Mit zahlreichen Grafiken

Vandenhoeck & Ruprecht

Bibliografische Information der Deutschen Bibliothek

Die Deutsche Bibliothek verzeichnet diese Publikation in der
Deutschen Nationalbibliografie; detaillierte bibliografische Daten sind
im Internet über <http://dnb.ddb.de> abrufbar.

ISBN10: 3-525-62392-5
ISBN13: 978-3-525-62392-3

Umschlagabbildung:
© Corbis

Inhalt

Vorwort

Die Idee, ein Trainingsbuch zum Kurzgespräch zu verfassen, kam mir schon bald nach der Veröffentlichung des von mir so bezeichneten Lesebuchs zum Kurzgespräch*. Denn neben dem Lesen über die methodischen Ansätze hinaus wollten und wollen sich viele Seelsorger/innen eine Fähigkeit zu dieser Form des Gesprächs aneignen. In vielen Trainingskursen habe ich Erfahrungen gesammelt, wie diese Form des Kurzgesprächs praktisch gelernt werden kann. Diese Erkenntnisse bilden die Grundlage für Form und Inhalt dieses Trainingsbuches und geben alle brauchbaren Informationen und notwendigen Materialien an Interessierte weiter.

Dabei weise ich vorab darauf hin, dass das Erlernen dieser Methode der zielorientierten Kurzberatung die Bereitschaft voraussetzt, sich auf einen gedanklich und praktisch anderen Ansatz einzulassen als es der „Schulmeinung" von seelsorglichen oder beraterischen Gesprächen entspricht – vergleichbar etwa dem Lernprozess, dem sich ein klassisch ausgebildeter „Schulmediziner" aussetzt, wenn er die chinesische Heilkunst der Akupunktur erlernen möchte. Auf das erforderliche Hintergrundswissen wird im Verlauf der Trainingseinheiten hingewiesen.

Für die kritische Durchsicht und Anregungen zum besseren Verstehen danke ich meiner Frau Bettina, meinen Kolleginnen Andrea Richter, Elke Rudloff, Heike Wegener und meinem Kollegen Hans König.

Bremen im Frühjahr 2006

Timm H. Lohse

---

* Lohse, Timm H., Das Kurzgespräch in Seelsorge und Beratung. Eine methodische Anleitung, Göttingen, 2003.

Werkleute sind wir: Knappen, Jünger, Meister,
und bauen dich, du hohes Mittelschiff.
Und manchmal kommt ein ernster Hergereister,
geht wie ein Glanz durch unsre hundert Geister
und zeigt uns zitternd einen neuen Griff.

Wir steigen in die wiegenden Gerüste,
in unsern Händen hängt der Hammer schwer,
bis eine Stunde uns die Stirne küsste,
die strahlend und als ob sie alles wüsste
von dir kommt, wie der Wind vom Meer.

Dann ist ein Hallen von dem vielen Hämmern
Und durch die Berge geht es Stoß um Stoß.
Erst wenn es dunkelt lassen wir dich los:
Und deine kommenden Konturen dämmern.

Gott, du bist groß.

(Rainer Maria Rilke)*

* Zitiert nach: Karl Otto Conradi, Der neue Conradi, 422

Einführung in das Trainingsbuch
zum Kurzgespräch

Das *Trainingsbuch zum Kurzgespräch* ist in seinem Aufbau eng an die Struktur meines in demselben Verlag vorgelegten Buches Das *Kurzgespräch in Seelsorge und Beratung* angelehnt: Zunächst werden Trainingseinheiten zu den interaktiven Elementen des Kurzgesprächs vorgestellt, bevor die Übungen zur Methodik der Gesprächsführung in einzelnen Trainingsschritten dargelegt werden.

Die Reihenfolge ergibt sich nicht aus einem zwingenden oder schlüssigen Nacheinander, in dem eine Übung als Fortsetzung der vorherigen zu verstehen ist oder diese als Grundlage zum Aufbau einer folgenden vorausgesetzt wird. Im praktischen Vollzug eines Kurzgesprächs wirken sowohl die interaktiven Elemente als auch verschiedene methodische Interventionstechniken in- und miteinander. Deshalb ist jede Trainingseinheit so konzipiert, dass sie in sich geschlossen und für sich allein geübt werden kann. Die sich daraus ergebenden Überschneidungen werden nicht ausdrücklich erläutert, sondern lediglich in einer Fußnote vermerkt.

Zur Vereinfachung des sprachlichen Ausdrucks werden wiederkehrende gleichlautende verkürzte Formulierungen benutzt, deren komplexer Hintergrund an dieser Stelle einmalig erläutert wird:

Kurzgespräch   umfasst formal alle Gespräche, die vom Ansatz her „einmalig" gedacht sind, sich zufällig zwischen Tür und Angel ergeben, verabredet wurden oder zum beruflichen Setting[1] gehören; hinzu kommen Gespräche im Rahmen einer längeren Beratungssequenz oder in Kasualgesprächen, bei Geburtstagsbesuchen oder sich wiederholenden Seelsorgegesprächen.

Inhaltlich meint der Begriff eine zielorientierte Kurzberatung, deren methodische Ausrichtung sowohl im „Grundlagen-" als auch im „Trainingsbuch zum Kurzgespräch in Seelsorge und Beratung" dargelegt ist.

Person   schließt als feminines Nomen Frau, Mann, Mensch ein.

---

1 Krankenhaus-, Gefängnis-, Notfall-, Altenheim-, Militär-, Obdachlosen-, City-, Telefonseelsorge, Seemannsmission etc.

Ratsuchende Person	bezieht sich auf Patient/in, Klient/in, Gemeindemitglied, anfragende Person, zufälliges Gegenüber.
Beratende Person	meint Seelsorger/in, Pastor/in, Pfarrer/in, alle ehrenamtlich oder professionell Helfenden.

S   Seelsorger/in
F   Frau
M   Mann
R   ratsuchende Person

In der Systematik der einzelnen Trainingseinheiten kehren bestimmte Ansatzpunkte und Anleitungen regelmäßig wieder, die mit Piktogrammen gekennzeichnet sind und so der schnellen Orientierung dienen:

📖 verweist auf Literatur.
Bei „Lohse, Kurzgespräch" folgen die Seitenzahlen der 2. Auflage, in der Fußnote Kapitel- und Seitenangabe der 1. Auflage.

👁 richtet das Augenmerk auf einen wichtigen Sachverhalt.

☹ markiert Fehlhaltungen und Fallen.

☺ markiert hilfreiches Verhalten und weiterführende Interventionen.

✎ unbedingt schriftliche Notizen im Tagebuch[2] machen.

💬 kollegiale Aussprache in der Kleingruppe führen.

☁ Trainingseinheiten in der Dreiergruppe mit wechselnden Rollen.

Ausdrücklich hinweisen möchte ich auf den „Umstand", dass bei der schriftlichen Wiedergabe von verbalen Interventionen sämtliche nonverbalen und paraverbalen Begleitbotschaften fehlen; deshalb lohnt es sich, alle schriftlichen Beispielinterventionen mit unterschiedlichen Betonungen nachzusprechen, um den Wert der paraverbalen Botschaft zu trainieren und sich die dazugehörenden nonverbalen Äußerungen zu imaginieren.

Der Aufbau der Trainingseinheiten erfolgt nach folgendem Plan:

1. Gedankliches Erfassen des Lernziels durch Lektüre, Vortrag und Diskussion im Plenum.
2. Praktische Aneignung des Lernziels über die eigenen schriftlichen Notizen, Aussprache und Ausprobieren der Lernvorgabe in Kleingruppen bzw. Demonstrationsübung im Plenum.

---

2 Für das Erlernen der zielorientierten Kurzberatung ist das Führen eines diesbezüglichen Tagebuchs unerlässlich.

3. Trainieren des vorgegebenen Lernziels anhand von Übungsfällen in Kleingruppen.

Neben dem **Selbststudium**, das vornehmlich auch das **Führen eines "Tagebuchs"** über die kritische Selbstbeobachtung des Gesprächsverhaltens umfasst, ist die **kollegiale Aussprache** und das **Trainieren in einer Kleingruppe** unerlässlich.

Bewährt hat sich das Trainieren in einer Dreiergruppe im Rahmen einer zwölf Personen umfassenden Gesamtgruppe:

Anleitungen für das Training in der Dreiergruppe:

Das Ziel des Trainings in der Dreiergruppe ist das praktische Erlernen der vorgestellten Methode. Dabei können und sollen alle drei Teilnehmer/innen dazu beitragen, dass dieses Ziel erreicht wird. Training bedeutet, einen Vorgang oder eine Fertigkeit so oft zu wiederholen, bis die Fähigkeit gekonnt "sitzt".

Die häufigste Falle, in die eine Dreiergruppe geraten kann, ist das Verfallen in ein "übliches" Rollenspiel, in dem ein "Fall gelöst" oder ein "Problem erfasst und definiert" werden soll. Wenn das geschieht, ist C gehalten, das Training sofort zu unterbrechen; alle drei Teilnehmer/innen bemühen sich, zur Trainingsaufgabe zurückzukehren.

Jede Dreiergruppe besteht für einen Halbtag.[3]

Für Besprechungen und Austausch von eigenen Beiträgen achten alle drei auf gleichwertige Chancen für jede/n innerhalb der vorgegebenen Zeit. Bitte auch gemeinsam auf das Einhalten der Zeitvorgabe achten.

Bei Trainingsübungen ist jede Person 1 × R; 1 × S; 1 × C. In drei Trainingsrunden wird nacheinander aus R → S, aus S → C, aus C → R.

R = *ratsuchende Person*
Erhält eine Fallskizze, phantasiert sich nach eigenen Vorstellungen in die Rolle, gibt S notwendige Vorabinformationen über Bekanntheitsgrad, Verabredung (oder auch nicht), Gelegenheit der Begegnung, arrangiert das Setting. Gelingt S die Anwendung der zu lernenden Methode, geht R darauf ein (und spielt nicht eigensinnig die "Rolle" weiter).

---

3   Gilt für das Intensivtraining innerhalb einer Woche; siehe Anhang.

S = *Seelsorger/in* = *beratende Person*
Wird von R über das Notwendige informiert, gestaltet evtl. das Setting mit R.
R hält sich an die vorgegebene Trainingsaufgabe, nimmt sich soviel Zeit wie nötig und probiert immer wieder verschiedene Versionen.

C = *Coach*
Hält sich aus den Rollen strikt heraus und kontrolliert
1. die Beschränkung und Konzentration auf die Trainingsvorgabe;
2. das Einhalten der Trainings- und Auswertungszeit (wird vorgegeben);
3. und hält alle (jeweils vorgegebenen) Beobachtungen schriftlich fest (Kurzprotokoll);
4. moderiert die Auswertung.

Die Rollenvorgabe für die Trainingsübungen sind in weiblicher (F) und männlicher Form (M) formuliert, um es der in die Rolle der/des Trainingspartner/in schlüpfenden Person zu erleichtern, sich in die Vorgabe hineinzuphantasieren.[4] Sämtliche Namen sind frei erfunden; Ähnlichkeiten oder Gleichheiten sind unbeabsichtigt und rein zufällig.

---

4 Die Erfahrung von Trainingskursen belegt, dass den Teilnehmern/innen das spontane „Umdenken" in ein anderes Geschlecht sehr schwer fällt, eine schriftliche Vorgabe im „passenden" Geschlecht jedoch mühelos adaptiert werden kann.

Die interaktiven Elemente des Kurzgesprächs

Das zielorientierte Kurzgespräch sucht und findet seinen Ansatz im Sich-beraten zweier gleichwertiger Menschen in einer solidarischen Begegnung, bei der sorgsam darauf geachtet wird, dass

die Gunst der augenblicklichen Gelegenheit genutzt,
ein asymmetrisches Beziehungsgefälle im Ansatz schon überwunden und
auf ein problemorientiertes Vorgehen verzichtet wird.

Der Ansatz des zielorientierten Kurzgesprächs setzt sich grundsätzlich von Beratungsgesprächen ab, die in ihrer Gesprächsmethodik Theoriekonzepten folgen, die Defizitäres, Krankes, Gestörtes diagnostizieren, um es zu therapieren. Vielmehr geht es darum, die sich ergebenden interaktiven Elemente einer Gesprächssituation zu nutzen, damit die ratsuchende Person baldmöglichst wieder eigenverantwortlich ihr Leben in die Hand nehmen kann.

Lohse, Kurzgespräch, 20f[7]

In einem 1. Übungsschritt gilt es, die Dynamik dieser interaktiven Elemente schnell und sicher erfassen zu lernen. Dazu gehört vor allem auch das Erkennen der Fehlhaltungen seitens der beratenden Person, die mit hoher Wahrscheinlichkeit zum Scheitern des Kurzgesprächs führen.

In einem 2. Übungsschritt geht es darum, sich durch wiederholtes kleinteiliges Trainieren von Interventionen eigene Sicherheit in der Grundhaltung und im kommunikativen Anschluss zu erwerben.

In gespielten Übungsfällen kann und wird der Umgang mit den drei interaktiven Elementen des Kurzgesprächs praktisch angeeignet; dabei wird sich zeigen, welche Chancen sich für beide Beteiligten ergeben, ein befriedigendes Kurzgespräch zu führen.

---

1 Kap. 1, 19f.

1.1 Die günstige Gelegenheit

Gelegenheiten für ein zielorientiertes Kurzgespräch bieten sich im Alltag zu jeder Zeit und an allen Ecken und Kanten des Lebens. Für die beratende Person gilt es, diese Gelegenheiten als für ein zielorientiertes Kurzgespräch günstige zu erkennen und sie zu nutzen.

Die Grundhaltung der beratenden Person, für diese Art der Alltagsseelsorge bereit zu sein, ergibt sich aus ihrer Fähigkeit, auf die sich bietenden Gelegenheiten angemessen einzugehen.

Dieses Kapitel will dazu anleiten, sich Maßstäbe für Qualifizierung der Situation anzueignen und Anleitungen für konkrete Verbalisierungen und praktische Verhaltensweisen zu geben.

Lohse, Kurzgespräch, 21 ff[2]

1.1.1 Die besonderen Gelegenheiten des Kurzgesprächs

Das Kurzgespräch ergibt sich in alltäglichen Gelegenheiten; es setzt kein bestimmtes oder durchdachtes räumliches Setting voraus.

Das Kurzgespräch sucht sein einmaliges Zeitfenster willkürlich inmitten der alltäglichen Zeitabläufe; es setzt keinen bestimmten oder verabredeten Zeitrahmen voraus.

Das Kurzgespräch legt seinen Akzent auf Orientierung in der alltäglichen Wegfindung; es setzt keine fachliche Diagnostik oder therapeutische Fähigkeit voraus.

Eine *zufällige Begegnung*
   wird als eine günstige Gelegenheit für ein Kurzgespräch qualifiziert:

   ▶ durch die Eingangsbemerkung:
      Mensch, prima, dass wir uns treffen!
      Dich schickt der Himmel!
      Dass Sie mir gerade über den Weg laufen …!

---

2 Kap. 1.2, 20 ff.

▶ durch die (betonte) Begrüßungsgestik:
offenes Gesicht – strahlende Augen;
unerwartete Umarmung (Körperkontakt);
sich in den Weg stellen.

▶ durch das unmittelbare „Zur-Sache-Kommen":
Du, ich brauch mal deinen Rat …
Ich hab da eine Frage an Sie …
Haben Sie *eine* Sekunde Zeit?

Der „Zufall" kreiert bei der ratsuchenden Person einen „Einfall", wie sich aus der Situation etwas im Sinne eines zielorientierten Kurzgesprächs machen lässt. Die Kombination dieser zwei Merkmale macht evident, dass dies eine Situation für ein Kurzgespräch ist.

👁 Eine *arrangierte Begegnung*
wird als eine günstige Gelegenheit für ein Kurzgespräch qualifiziert:

▶ durch das absichtliche Abfangen:
die beratende Person befindet sich in einem rituellen Setting:
Begrüßung oder Verabschiedung;
▶ durch Umfunktionieren eines vorgeblichen Anlasses:
„Eigentlich geht es mir nicht um …, sondern um …":
Die Erkundigung nach einem Veranstaltungstermin wird unversehens zu einem Gespräch über Einsamkeit;

▶ durch das Einschieben des Anliegens in einen anderen Gesprächszusammenhang:
Im Verlauf eines Taufgesprächs wird das Alkoholproblem des Bruders thematisiert.

Das „Arrangement" kreiert intuitiv bei der ratsuchenden Person einen „Einfall", wie sich aus der Situation etwas im Sinne eines zielorientierten Kurzgesprächs machen lässt. Die Kombination dieser zwei Merkmale macht evident, dass dies eine Situation für ein „eingeschobenes" Kurzgespräch ist.

👁 Eine *verabredete Begegnung*
wird als eine günstige Gelegenheit für ein Kurzgespräch qualifiziert:

▶ durch den ausgesprochenen oder stillschweigenden Kontrakt zwischen Seelsorgebedürftigen und Seelsorger/in:
Seelsorge – keine Therapie;
Vertrauensvorschuss – kein Sezieren der Defizite;
Verschwiegenheit – keine Patientenakte;

▶ durch den zeitlichen Rahmen:
einmalig – keine zwingende Fortsetzung;
kurzfristig – keine Wartedatei;

▶ durch das begrenzte Mandat:
Hilfestellung zur Selbstorientierung – keine fortwährende Abhängigkeit.

Die „Verabredung" kreiert intuitiv bei der ratsuchenden Person einen „Einfall", wie sich aus der Situation etwas im Sinne eines zielorientierten Kurzgesprächs machen lässt. Die Kombination dieser zwei Merkmale macht evident, dass dies eine Situation für ein „einmaliges" Kurzgespräch ist.

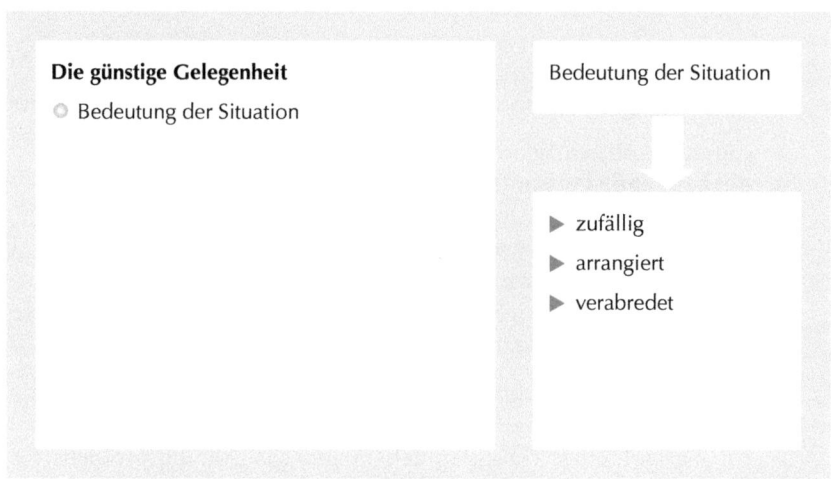

1.1.2 Einstellen auf die Bedeutung der Situation

Die Bedeutung der Situation ist für die ratsuchende Person – bewusst oder unbewusst – spürbarer als für die beratende Person. Denn der Impuls zur Qualifizierung der Situation für ein zielorientiertes Kurzgespräch geht zunächst fast ausschließlich von der ratsuchenden Person aus. Deshalb ist es notwendig, dass auch die beratende Person Kontakt zu der Bedeutung der Situation bekommt, die diese für die ratsuchende Person hat, damit Disqualifizierungen gleich zu Beginn gewehrt wird.

👁 andocken[3] bei einer zufälligen Begegnung

☺ Die *Eingangsbemerkung* im genauen Wortlaut im Gedächtnis speichern, um diese bei Gelegenheit – als Schlüssel[4] einsetzen zu können.

> Beispiel:
> „Sie schickt der Himmel!" – „Mit welchem Auftrag schickt der Himmel mich zu Ihnen?"

Die *Begrüßungsgestik* auf ihre besondere Betonung abtasten, um entscheiden zu können, worauf es jetzt ankommt.

> Beispiel:
> Ein etwas zu fester oder zu langer Händedruck – es geht jetzt um Handfestes.

Das gleich *„Zur-Sache-Kommen"* ohne Umschweife aufnehmen, um zielorientiert das Mandat zu erledigen.

> Beispiel:
> „Ich weiß nicht, was ich machen soll, kannst du mir vielleicht helfen?" – „Wobei soll ich dir helfen?"

☹ Die *Eingangsbemerkung* wird überhört oder übergangen oder als übertrieben abgetan und/oder abgewiegelt.

Die *Begrüßungsgestik* wird als etwas übertrieben zwar wahrgenommen, jedoch für das folgende Gespräch ignoriert oder als unbewusster Impuls, sich (möglichst bald) zu distanzieren, umgesetzt.

Das *„zur Sache kommen"* wird vernebelt durch Ausschweifen in Begründungszusammenhänge und/oder Hintergrundinformationen.

✐ Schriftliches Notieren trainiert die Wahrnehmung und Fähigkeit des Andockens im Kurzgespräch:

1. Den Wortlaut der Eingangsbemerkung des letzten (bzw. der letzten) Kurzgesprächs(e) bei Zufallsbegegnungen und verbale Andockmöglichkeiten;
2. Besonderheiten der Begrüßungsgestik im Zusammenhang mit dem Anliegen der ratsuchenden Person;

---

3 Vgl. Kap. 2.1.
4 Vgl. Kap. 2.4.

3. Unmittelbare kommunikative Anschlussmöglichkeiten „zur Sache" im Nachhinein schriftlich entwerfen.
4. eigene Fehlhaltungen.

👁 andocken bei einer arrangierten Begegnung

☺ Das *Abgefangen-Werden* als Auffang-Mandat werten, um zu signalisieren: Ich habe deine Notsituation wahrgenommen.

> Beispiel:
> Bei der Verabschiedung an der Kirchentür: „Darf ich Sie mal was fragen?" – „Bitte, bleiben Sie hier bei mir, bis ich alle verabschiedet habe."

Das *Umfunktionieren* eines Gesprächs in eine ganz andere Richtung hin zu dem eigentlichen Anliegen ohne weiteres nachvollziehen, um alle Kräfte auf dieses Mandat zu bündeln.

> Beispiel:
> „Das mit dem Kirchgeld wollte ich schnell noch erledigen, morgen muss ich nämlich in die Klinik ..." – „Was zwingt Sie in die Klinik?"

Das *Einschieben* eines anderen „Themas" mit ausdrücklicher Akzentuierung konzentriert gestalten.

> Beispiel:
> Alkoholprobleme des Bruders während eines Taufgesprächs. Die beratende Person drückt mit ihrer veränderten Köperhaltung ihre Konzentration auf das „andere" Thema aus: aufgerichteter Oberkörper, direkter Blickkontakt zur Schwester, dann:
> „Was werden Sie dazu beitragen können, um Ihrem Bruder bei seinem Alkoholproblem helfen zu können?"

☹ Die *Abfangfrage* wird mit schnellen Antworten erledigt oder auf einen anderen Termin vertagt.

Das *Umfunktioniert-Werden* mobilisiert „schlechte" Gefühle (ausgeliefert, manipuliert) in der beratenden Person; diese blockieren das freie Spiel der Kräfte.

Das *Einschieben* eines anderen Themas wird halbherzig (widerstrebend, unwillig) akzeptiert oder gerät unversehens in den Mittelpunkt und ufert aus und überschwemmt den eigentlichen Gesprächsanlass.

🗨 Kollegiale Aussprache:

Möglichkeiten des „Auffangens" beim „Abgefangen-Werden" an konkret erlebten Situationen im Nachhinein an früher erlebten Begegnungen trainieren und auswerten.

☁ Übungsspiel:

F
Auf einer Schulfete wird S von einer ihm flüchtig bekannten Religionslehrerin, Frau Rust, angesprochen:
„Ach, wenn nur das Schuljahr schon rum wäre! Diesmal lauf ich wirklich auf dem Zahnfleisch. Ich kann einfach nimmer."

M
Auf einer Schulfete wird P von einem ihm flüchtig bekannten Religionslehrer, Herrn Rust, angesprochen:
„Ach, wenn nur das Schuljahr schon rum wäre! Diesmal lauf ich wirklich auf dem Zahnfleisch. Ich kann einfach nimmer."

☁ Übungsspiel:

F
Frau Grundmann ist zum Beerdigungsgespräch zu S gekommen. Verstorben ist ihre (alleinstehende) Schwester.
   Während des Gesprächs erwähnt Frau Grundmann (zweimal schon), dass auch sie krank sei und „es auch schwieriger geworden ist im Beruf. Man muss sich ständig wehren, drängeln und stoßen" (heftige Bewegungen mit den Ellenbogen).

M
Herr Grundmann ist zum Beerdigungsgespräch zu S gekommen. Verstorben ist sein (alleinstehender) Bruder.
   Während des Gesprächs erwähnt Herr Grundmann (zweimal schon), dass auch er krank sei und „es auch schwieriger geworden ist im Beruf. Man muss sich ständig wehren, drängeln und stoßen" (heftige Bewegungen mit den Ellenbogen).

👁 andocken bei einer verabredeten Begegnung

☺ Seelsorgliches Vertrauen und seelsorgliche Verschwiegenheit werden bei einem verabredeten bzw. auch erwarteten Gespräch (Kranken- oder Geburtstagsbesuch) angeboten

a) durch das *Gestalten des äußeren Settings:*

Beispiele:
Pfarrhaus, Dienst-/Sprechzimmer: unmittelbare Begegnung;
Hausbesuch: entschiedenes Bestehen auf den verabredeten Personenkreis (meist eine Person) gegenüber anderen Anwesenden;
Krankenbesuch: trotz der anderen belegten Betten sich so setzen/stellen, dass ein konzentriertes Zweiergespräch möglich wird.

b) durch die *innere Haltung:*

Beispiele:
Hoffnung beleben, Ressourcen fördern, Gesundes stärken, Möglichkeiten erkunden, aufschlüsseln, orientieren.

Die *klare Verabredung,* wann und wo (selten: wie lange) ein einmaliges Gespräch stattfinden wird, verstärkt die beiderseitige Verbindlichkeit zu konzentriertem Austausch und Füreinander-Dasein.

Beispiele:
„Morgen, um fünf Uhr, bin ich in meinem Sprech- (Besuchs-, Kranken-) zimmer für Sie da.“

Bei Stations- oder Hausbesuchen kann eine spontane Verabredung über die Dauer der möglichen Gesprächszeit zur Ruhe beitragen.

Der *kurzfristig* (innerhalb der nächsten sechs Tage) angebotene Gesprächstermin befördert die Gewissheit, mit dem Anliegen zur richtigen Person gegangen zu sein:

Beispiele:
„Diese Person hat Zeit für mich (ist zeitlich nicht überlastet).“
„Ich bin nicht irgendeine Nummer in einer langen Warteschlange.“

Das konzentrierte *Eingrenzen des Mandats* schon bei der Verabredung des Gesprächstermins leitet die ratsuchende Person zu eigener Arbeit an und stärkt die Bereitschaft, sich zwar mal „einhelfen“ zu lassen, aber doch das Ruder selbst in der Hand zu behalten.

Beispiel:
„Wir haben dann (Termin und Ort sind bereits verabredet) Zeit, Ihrer Frage nachzugehen: Wie werde ich damit fertig, dass mein Partner mich verlassen hat.“

☹ 1. Begrüßung an der (Haus-)Tür oder am Telefon durch Dritte (Ehepartner, Kind, Sekretärin);

2. Einbeziehen anderer (nicht unmittelbar Betroffener) in das Gespräch, etwa beim Geburtstagsbesuch.
3. Die innere Haltung ist darauf ausgerichtet, Frust zu ergründen, Defizite zu benennen, Krankes zu bekämpfen, Befindlichkeiten zu verbalisieren, zu deuten, zu problematisieren und letztlich „zu retten".
4. Die innere oder ausgesprochene Option einer Fortsetzung des Gesprächs verführt zu Weitschweifigkeit und oft genug ins Konfliktkarussell.[5] Eine nur gedachte zwingende Fortsetzung des Gesprächs verstärkt das asymmetrische Gefälle.[6]
5. Äußerungen über den vollen Terminkalender disqualifizieren das Ansinnen der ratsuchenden Person.
6. Je weiter und unschärfer der Gesprächsanlass für den verabredeten Termin gefasst wird, desto weiter klafft die Schere zwischen Hilflosigkeit (bei der ratsuchenden Person) und dringend zu leistender Hilfe (von der beratenden Person).

Kollegiale Aussprache:

1. Wie gestalte ich das äußere Setting bei verabredeten Gesprächen: Zugangsmöglichkeiten – Raumgestaltung – Licht- und Blickverhältnisse?

2. Terminvereinbarungen konkret durchspielen: Ort, Zeit, Thema.

3. Wie vermittle ich den Eindruck, Zeit zu haben (und vermeide den Eindruck, wenig Zeit zu haben)?

1.1.3 Das Bleiben im „Hier und Jetzt"

Das Kurzgespräch setzt bei der beratenden Person voraus, dass diese bereit und fähig ist, sich spontan auf die gegebene Situation einzustellen.

Es gibt keine andere Wahl: so und nicht anders oder wo anders möchte die ratsuchende Person mit dir das Gespräch führen.

Es gibt keine andere Wahl: jetzt – und nicht irgendwann anders möchte die ratsuchende Person mit dir ins Gespräch kommen.

Es gibt keine andere Wahl: Du – und keine andere Person bist als Gesprächsgegenüber erwählt worden.

---

5 Vgl. Kap. 1.3.
6 Vgl. Kap. 1.2.

👁 *So*

soll das Gespräch stattfinden nach dem Willen der ratsuchenden Person – ob es sich zufällig ergibt, arrangiert oder verabredet wurde; sie qualifiziert den Ort und das Setting als nach ihrer Vorstellung geeignet. In der Wahl dieser Gegebenheit verbirgt sich ein Hinweis auf das Besondere ihres Anliegens, gerade weil diese Wahl der beratenden Person meist als

eigenwillig,
ungeeignet,
störanfällig

erscheint.

👁 *Jetzt*

soll das Gespräch stattfinden nach dem Willen der ratsuchenden Person – ob es sich zufällig ergibt, arrangiert oder verabredet wurde; sie qualifiziert den Zeitpunkt als nach ihrer Vorstellung geeignet. In der Wahl dieses Zeitpunkts verbirgt sich ein Hinweis auf das Besondere ihres Anliegens, gerade weil diese Wahl der beratenden Person meist als

unpassend,
ungeschickt,
unmöglich

erscheint.

👁 *Du*

sollst das Gesprächsgegenüber sein – wie immer die ratsuchende Person zu dieser Überzeugung, diesem Entschluss gelangt ist; sie qualifiziert das Gegenüber als nach ihrer Vorstellung geeignet. In der Wahl dieses Gesprächsgegenübers verbirgt sich ein Hinweis auf das Besondere ihres Anliegens, auch wenn der beratenden Person diese Wahl als

weniger wichtig,
eher nebensächlich

erscheint.

Die günstige Gelegenheit

- Bedeutung der Situation
- Das „Hier und Jetzt" der Situation

Das „Hier und Jetzt"

▶ so – und nicht anders

▶ jetzt – und nicht später

▶ du – und kein anderer

1.1.4 Einstellen auf das „Hier und Jetzt" der Situation

Das „Hier und Jetzt" der Situation ist für die ratsuchende Person –
bewusst oder unbewusst – bedeutsamer als für die beratende Person.
Denn wiederum geht der Impuls zur „Qualifizierung" der Situation als
„günstige Gelegenheit" fast ausschließlich von der ratsuchenden Person
aus. Nun jedoch wird es für die beratende Person zur Aufgabe, über
ihren eigenen Schatten zu springen, da die drei genannten Kriterien des
„Hier und Jetzt" meist nicht spontan von der beratenden Person geteilt
werden. Um Disqualifizierungen der ratsuchenden Person zu vermeiden,
wird es darauf ankommen, dass die beratende Person die dreifache Wahl
der ratsuchenden Person wertschätzt.

👁 andocken beim „so – und nicht anders!"

☺ Die *Wahl des Ortes* bei zufälligen oder arrangierten Gesprächen
belassen, bis evtl. die ratsuchende Person von sich aus einen Orts-
wechsel vorschlägt.

Beispiel:
Auf dem Gehweg – bei „Wind und Wetter" – spricht ein
Gemeindeglied (G) den Gemeindepfarrer (S) auf die schwere
Erkrankung seiner Mutter an; S stellt sich dem Gespräch vor Ort
und vertagt es nicht auf einen Hausbesuch.

Die *Wahl der Körperhaltungen* zueinander (im Stehen, Sitzen, Gehen oder beim Krankenbesuch auch Liegen) beachten, besonders die gewählte Nähe (bzw. Distanz) wahren und zunächst *nicht verändern.*

> Beispiel:
> Im Anschluss an eine Abendveranstaltung wird S im Stehen angesprochen und in ein Gespräch verwickelt. Es bestünde die Möglichkeit, sich auf zwei der herumstehenden Stühle zu setzen. S belässt es bei der gewählten Standposition und der damit gewählten Distanz zueinander und achtet zunächst darauf, wie diese Standposition zu dem angesprochenen Anliegen „passt".

Störende Faktoren (Lärm, Unruhe, Mithörende, im Wege stehen) einfach hinnehmen, bis die ratsuchende Person die Störanfälligkeit von sich aus beseitigt.

> Beispiel:
> Auf dem Flur eines Krankenhauses begegnen sich eine Schwester und S. Die Schwester spricht S an, obwohl das Stationszimmer so nahe ist, dass das Gespräch „mitgehört" werden kann; außerdem gehen ständig Mitarbeiter/innen des Hauses an beiden vorbei. Die Verlagerung dieses Gesprächs durch die Schwester in eine ruhige Ecke stärkt die selbstorganisatorischen Ressourcen[7] der Schwester und wehrt dem Eindruck, sie sei nicht fähig, ein angemessenes Setting für ein Gespräch zu arrangieren.

☹ Die beratende Person macht der ratsuchenden Person einen Vorschlag, wo das angesprochene Anliegen der ratsuchenden Person „besser", „angemessener" behandelt werden kann.

Die von der beratenden Person eingebrachten Veränderungen der Körperhaltungen stellen einen starken Impuls zur Beeinflussung der „Drift"[8] dar, verwischen oder verstören das ursprüngliche Ansinnen der ratsuchenden Person, bevor diese es ausgesprochen hat.

Die gern in störanfälligen Situationen sogleich angebotene Verlagerung des Gesprächs in das Sprechzimmer von S verunmöglicht ein passgenaues Andocken und führt oft dazu, dass der angebotene Termin nicht wahrgenommen wird.

---

7 Vgl. Kap 2.10.
8 Vgl. Kap. 2.1.

🖉 Schriftlich im Tagebuch notieren:

  1. Was verführt mich dazu, das Hier zu verlassen?
  2. Was unternehme ich, um im Hier zu bleiben?

👁 andocken beim „jetzt – und nicht später!"

☺ Die Wertschätzung des für die ratsuchende Person günstigen Augenblicks durch die beratende Person ist ein Andockmanöver von unschätzbarem Wert. Der Sprung über den eigenen Schatten („Passt mir gar nicht!" „Eigentlich keine Zeit!" „Auf dem Weg zu einem anderen Termin!") wird belohnt durch unmittelbare Offenheit, hohe Konzentration und ernsthaftes „Auskaufen der Zeit" auf beiden Seiten.

> Beispiel:
> Beide wissen, dass der Gottesdienst in wenigen Minuten beginnt.
> Eine Frau zu S: Unser Sohn macht mir große Sorgen. Darf ich den mal zu Ihnen schicken?
> S zur Frau: Was wird aus Ihren Sorgen, wenn Sie Ihren Sohn zu mir schicken?
> F: Ich sorge mich schon mein Leben lang um dieses Kind. Und ich werde die Sorgen nicht los.
> S: Was kann Ihnen helfen, die Sorgen wirklich los zu werden?
> F nach einer Pause des Nachdenkens: Darf *ich* denn mal zu Ihnen kommen?
> S: Ja. Bitte sprechen Sie mich nach dem Gottesdienst an, dann machen wir einen Termin aus.

☹ Das Vertagen des „Jetzt" auf ein „Später", ohne nicht einmal auf das Anliegen gehört zu haben, erschwert das spätere Andocken, wenn es dieses nicht gar vereitelt. Auch die gut gemeinten Hinweise („Da habe ich dann richtig Zeit für Sie." „Dann können wir alles in Ruhe besprechen." „Ich gebe Ihnen gern einen Termin, wo ich dann ganz für Sie da bin."), mit denen das Vertagen schmackhaft gemacht werden soll, täuschen die ratsuchende Person nicht darüber hinweg, dass sie etwas „falsch" eingeschätzt hat.

🖉 Schriftlich im Tagebuch notieren:

  1. Was verführt mich dazu, das Jetzt zu verlassen?
  2. Was unternehme ich, um im Jetzt zu bleiben?

○ Übungsspiel:

F
Es klingelt an der Tür zum Pfarrhaus:
Frau Hensel, um die 40, S bekannt als Konfirmandenmutter.
Frau Hensel: „Ich wollte nur schnell mal unser Kirchengeld bezahlen, damit wir das erledigt haben".
S bittet Frau Hensel herein.
Auf dem Weg Frau Hensel: „Mein Mann geht morgen ins Klinikum zur Operation."
Dann: „Die machen ihn richtig auf, eine OP am offenen Herzen. Das ist natürlich kein Kinderspiel. Und er ist ja erst mal 43. Man möcht ja schon noch ein bisschen leben."

M
Es klingelt an der Tür zum Pfarrhaus:
Herr Hensel, um die 45, S bekannt als Konfirmandenvater.
Herr Hensel: „Ich wollte nur schnell mal unser Kirchengeld bezahlen, damit wir das erledigt haben"
S bittet Herrn Hensel herein.
Auf dem Weg Herr Hensel: „Meine Frau geht morgen ins Klinikum zur Operation."
Dann: „Die machen sie richtig auf, eine OP am offenen Herzen. Das ist natürlich kein Kinderspiel. Und sie ist ja erst mal 43. Man möcht ja schon noch ein bisschen leben."

👁 andocken beim „du – und kein anderer!"

☺ „Was willst du, dass ich dir tun soll?"[9] Diese Frage klärt das Mandat des Gesprächs und schafft damit die Voraussetzung, dass die beratende Person in einem „stillen" inneren Dialog klären kann, ob Anliegen der ratsuchenden Person und eigene Kompetenz zueinander stimmen. Daraus folgt, ob das Mandat angenommen und erledigt werden kann.

☹ Das Verweisen an andere „Helfer", nachdem man mit den eigenen Versuchen gescheitert ist und sich mit einem Sprung aus dem Konfliktkarussell retten will, kommt einer Abwertung beider Gesprächsbeteiligten gleich und bewirkt, dass beide sich schlecht fühlen.

---

9 Markusevangelium Kap. 10,51.

Beispiele:
„Haben Sie schon mal daran gedacht, eine Therapie zu machen?"
„Da müssten Sie sich mal an … wenden."
„Könnten Sie sich vorstellen, das mal mit … durchzusprechen?"

✐ Schriftlich im Tagebuch notieren:

1. Wie gelingt mir die Konzentration auf das Mandat (Anliegen – Kompetenz)?
2. Was hilft mir, die Konzentration auf das Mandat zu erhöhen?

◯ Übungsspiel:

F
Frau Klages, ca. 70 Jahre, verwitwet, (Frau Klages hat lange ihren Mann gepflegt, bis er vor ca. 10 Jahren verstorben ist) hat, als sie zur Darmkrebsoperation im Krankenhaus aufgenommen wurde, ausdrücklich vermerkt, dass sie keinen Besuch von Mitarbeitern der Seelsorge wünscht.

Inzwischen ist sie erfolgreich operiert, es geht ihr den Umständen entsprechend gut. Eher zufällig und beiläufig hat sie dann doch den/die Krankenseelsorger/in kennengelernt und bittet nun ausdrücklich um einen Besuch von S:

„Ich habe nach Ihnen rufen lassen, weil Sie keine grauhaarige, griesgrämige Betschwester/kein grauhaariger, salbungsvoller Prediger mit erhobenem Zeigefinger sind. Ich hatte nichts vom Leben. Deshalb hatte ich vor meiner OP Gedanken, mich selbst zu töten – aber es war nichts da …."

M
Herr Klages, ca. 70 Jahre, verwitwet (Herr Klages hat lange seine Frau gepflegt, bis sie vor ca. 10 Jahren verstorben ist), hat, als er zur Darmkrebsoperation im Krankenhaus aufgenommen wurde, ausdrücklich vermerkt, dass er keinen Besuch von Mitarbeitern der Seelsorge wünscht.

Inzwischen ist er erfolgreich operiert, es geht ihm den Umständen entsprechend gut. Eher zufällig und beiläufig hat er dann doch den/die Krankenseelsorger/in kennengelernt und bittet nun ausdrücklich um einen Besuch von S:

„Ich habe nach Ihnen rufen lassen, weil Sie keine grauhaarige, griesgrämige Betschwester/kein grauhaariger, salbungsvoller Prediger mit erhobenem Zeigefinger sind. Ich hatte nichts vom Leben. Deshalb hatte ich vor meiner OP Gedanken, mich selbst zu töten – aber es war nichts da …."

1.2 Das Beziehungsmuster

Das asymmetrische Beziehungsmuster wird zwischen der ratsuchenden und der beratenden Person mit dem Beginn des Kurzgesprächs auf zwei Ebenen augenblicklich etabliert:

Die ratsuchende Person ist DOWN – die beratende Person UP.
Die ratsuchende Person ist IN – die beratenden Person ist OUT.

Die Grundhaltung der beratenden Person orientiert sich an dem Ziel, sobald wie möglich auf einer symmetrisch-solidarischen Beziehungsachse zu kommunizieren.

Dieses Kapitel will dazu anleiten, sich Interventionsstrategien zu eigen zu machen, mit deren Hilfe Zug um Zug der unwürdigen Schieflage zwischen der ratsuchenden und der beratenden Person gewehrt und gleichwertige Solidarität im Hier und Jetzt praktiziert wird.

Lohse, Kurzgespräch, 30ff[10]

1.2.1 Die asymmetrischen DOWN-UP-Angebote

Das Kurzgespräch wird gesucht, wenn und weil ein Mensch Hilfe bei einem anderen Menschen sucht. Die damit gegebene Asymmetrie im Beziehungsmuster wird offensichtlich verstärkt, wenn die beratende Person in ihrer (beruflichen) Kompetenz oder auch besonderen „Position" ausdrücklich von der ratsuchenden Person angesprochen wird.

👁 Die Kompetenz wird über die *(berufliche) Qualifizierung* zugesprochen:

Ich möchte Sie als *Seelsorger/in* mal ansprechen …
Ich brauche Ihren Rat als *Pastor/in* …
Sie sind doch zur *Verschwiegenheit* verpflichtet …
Sie arbeiten doch als *Eheberater/in*. Da hab ich mal eine Frage …

10 Kap. 1.2, 28ff.

Die Kompetenz wird über die *(besondere) Position* zugesprochen:

Ich muss mal mit einem *Außenstehenden* reden …
Ich brauch mal die Meinung eines *anderen* …
Sie sind doch selbst *Mutter/Vater* von Kindern …
Sie kommen doch *mit vielen Menschen* zusammen …

Die asymmetrische Achse von DOWN (ratsuchende Person) und UP (beratende Person) wird expressis verbis etabliert und fixiert. Es bedarf also einer gezielt überlegten Intervention seitens der beratenden Person, dieses Muster zu verändern in Richtung auf eine symmetrisch-solidarische Achse.

☹ Die Kompetenzzuschreibung wird zwar gehört, jedoch stillschweigend übergangen bzw. nicht angegangen; damit bleibt die Asymmetrie erhalten und verstärkt sich vermutlich im Verlauf des Gesprächs in einer symmetrischen Eskalation.[11]

Die Kompetenzzuschreibung wird akzeptiert oder schmunzelnd oder auch großzügig „abgewimmelt" bzw. bagatellisiert:

Ich brauche Ihren Rat als Pastor/in …
„Ob ich Ihnen raten kann, steht dahin, aber als Pastor/in …".

Sie sind doch zur Verschwiegenheit verpflichtet …
„Selbstverständlich, es bleibt alles unter uns."

Sie arbeiten doch als Eheberater/in. Da hab ich mal eine Frage …
„Als Eheberater/in arbeite ich anders, aber Sie dürfen mich gern auch so fragen."

Ich muss mal mit einem Außenstehenden reden …
„Bitte, ich höre Ihnen zu."

Ich brauch mal die Meinung eines anderen …
„Meine Meinung will ich Ihnen gerne sagen …".

Sie sind doch selbst Mutter/Vater von Kindern …
„Nun ja, aber das will noch gar nichts heißen."

Sie kommen doch mit vielen Menschen zusammen …
„Da haben Sie Recht, aber worum geht es Ihnen?"

---

11 UP- und DOWN-Positionen laufen wie auf einer Schere auseinander: je mehr die DOWN-Position verstärkt wird, desto größer werden die Erwartungen an die UP-Position.

☺ Die Kompetenzzuschreibung wird als Ansatzpunkt für eine Veränderung der Asymmetrie in Richtung auf eine symmetrische Solidarität genutzt:

Ich möchte Sie als Seelsorger/in mal ansprechen …
„Was besorgt Sie in Ihrer Seele?"
Die zugeschriebene Kompetenz wird „geteilt": auch die ratsuchende Person hat seelsorgliche Kompetenzen.

Ich brauche Ihren Rat als Pastor/in …
„Worüber möchten Sie sich mit mir beraten?"
Zum „sich beraten" gehören zwei gleichwertige Partner/innen.

Sie sind doch zur Verschwiegenheit verpflichtet …
„Was möchten Sie nicht länger verschweigen?"
Die Erkundung der Zuschreibungsabsicht schafft Klarheit im Vertrauensverhältnis.

Sie arbeiten doch als Eheberater/in. Da hab ich mal eine Frage …
„Welche Frage kann ein/e Eheberater/in besser beantworten als Sie?"
Die Differenzierung der Kompetenz hält das Gefälle auf einem „normalen" Niveau.

Ich muss mal mit einem Außenstehenden reden …
„Was hört ein/e Außenstehende/r anders?"
Die ratsuchende Person offenbart ihre eigenen „außenstehenden" Gedanken.

Ich brauch mal die Meinung eines anderen …
„Was werden/wollen Sie mit meiner Meinung machen?"
Die ratsuchende Person wird zu einem fairen Handel(n) eingeladen.

Sie als Mutter/Vater von Kindern …
„Was bringt es Ihnen, wenn wir uns als Mutter/Vater verbünden?"
Das Bündnisangebot auf gleicher Ebene wird entweder zu einem brauchbaren Elterngespräch führen und/oder eine trügerische Allianz im Keim ersticken.

Sie kommen doch mit vielen Menschen zusammen …
„Was haben die vielen Menschen mit Ihnen zu tun?"
Die Wertschätzung des Besonderen in der ratsuchenden Person zieht diese aus dem DOWN auf die ihr zustehende Gleichwertigkeit.

✎ Notieren Sie (aus Ihrem Gedächtnis)

Kompetenzzuschreibungen, mit denen Sie in vergangenen Gesprächen konfrontiert wurden, und

dann Interventionen, mit denen Sie die Asymmetrie verstärken.

Danach denken Sie sich in aller Ruhe Interventionen aus, die eine Bewegung in Richtung auf die symmetrisch-solidarische Achse in Gang setzen, und halten auch diese schriftlich fest.

💬 Bieten Sie in der Kleingruppe

zunächst die Ihnen angetragene Kompetenzzuschreibung an, damit Ihr/e Trainingspartner/in (nach angemessener Besinnungspause) darauf „re"-agieren kann,

präsentieren Sie dann Ihre reflexartige und Ihre überlegte Intervention und

debattieren Sie dann in der Kleinrunde über die Wirkweisen der verschiedenen Interventionen.

Üben Sie der Reihe nach an möglichst vielen Beispielen.

1.2.2 Das asymmetrische IN-OUT-Gefälle

Im Kurzgespräch etabliert sich unversehens und unvermeidlich ein IN-OUT-Gefälle hinsichtlich des „Informationsstandes": Die ratsuchende Person weiß, worum es ihr geht, die beratende Person weiß dieses nicht oder nur ansatzweise. Die naheliegende Folge ist, die beratende Person möchte dieses Gefälle durch Informationsfragen[12] ausgleichen, löst jedoch häufig damit den „Zauberlehrling"-Prozess aus: sie ertrinkt in einer weitschweifigen Informationsflut.

👁 Die Informationen sind zu Beginn des Gesprächs unscharf und vage gehalten.

„Das mit meinem Mann geht so nicht weiter."
„Haben Sie einen Augenblick Zeit für mich?"
„Ich brauch mal jemanden, der mir zuhört."
„Der ganze Kram passt mir nicht mehr!"

---

12 Vgl. Kap. 2.5.

Die Informationen sind zu Beginn äußerst knapp und sehr detailliert gehalten:

„Meine Frau ist gestern während meiner Arbeitszeit ausgezogen."
„Die Aussage von Herrn B. kann ich so nicht stehen lassen."
„Haben Sie im ZDF den Gottesdienst gesehen?"
„Dürfen Sie einen Ausgetretenen kirchlich beerdigen?"

Die asymmetrische Achse von IN (ratsuchende Person) und OUT (beratende Person) ergibt sich durch die „Eröffnung" des Gesprächs durch die ratsuchende Person. Es bedarf also einer gezielt überlegten Intervention seitens der beratenden Person, sich aus dieser Schieflage zu befreien, um gradlinig auf die symmetrisch-solidarische Achse zuzusteuern.

☹ Die Versuchung ist groß, sich einen Ein- und Überblick in die Konfliktlage zu verschaffen, zumal, wenn die beratende Person die UP – Position unbedacht übernommen hat.

„Das mit meinem Mann geht so nicht weiter."
          „Möchten Sie mit mir mal darüber reden?"

„Haben Sie einen Augenblick Zeit für mich?"
          „Ja, im Augenblick geht's – eine halbe Stunde?"

„Ich brauch mal jemanden, der mir zuhört."
          „Ich hab mir Zeit genommen, Ihnen zuzuhören."

„Der ganze Kram passt mir nicht mehr!"
          „Um welchen Kram handelt es sich denn?"

Diese um Konkretisierung und/oder Präzisierung bemühten Interventionen akzeptieren die IN-OUT-Asymmetrie und verstärken diese.

„Meine Frau ist gestern während meiner Arbeitszeit ausgezogen."
          „Wie konnte es dazu kommen?"

„Die Aussage von Herrn B. kann ich so nicht stehen lassen."
          „Welche Aussage meinen Sie denn?"

„Haben Sie im ZDF den Gottesdienst gesehen?"
          „Nein, ich hatte selber einen Gottesdienst zu halten, aber erzählen Sie mir, was Sie beschäftigt."

„Dürfen Sie einen Ausgetretenen kirchlich beerdigen?"
          „Wenn Sie mich so direkt fragen: nein! Aber wie kommen Sie auf diese Frage?"

Diese um Erkundung von Hintergründen und Zusammenhängen bemühten Interventionen öffnen ein Fass, dessen Boden im Kurzgespräch meist nicht in Sicht kommt.

☺ Grenzt die beratende Person sich auf das ihr Gegebene („Mandat") ein, und überlässt sie es der ratsuchenden Person, alles für das Gelingen des Kurzgesprächs Notwendige selber beizutragen, entsteht zwischen beiden ein gleichwertiger Informationsfluss:

„Das mit meinem Mann geht so nicht weiter."
    „Wie soll es dann für Sie weitergehen?"
„Weitergehen" ist das Mandat; wie, das überlässt die beratende Person ihrem Gegenüber.

„Haben Sie einen Augenblick Zeit für mich?"
    „Wieviel Zeit möchten Sie von mir haben?"
Die beratende Person bleibt bei der Anfrage um „Zeit".

„Ich brauch mal jemanden, der mir zuhört."
    „Worauf soll ich achten, wenn ich Ihnen zuhöre?"
Die ratsuchende Person gibt Sortierung und Gewichtung vor.

„Der ganze Kram passt mir nicht mehr!"
    „Wie wird der ganze Kram wieder passend?"
Das passende Maß zu finden, wird der ratsuchenden Person überlassen.

„Meine Frau ist gestern während meiner Arbeitszeit ausgezogen."
    „Wohin zieht es Sie heute?"
Die beratende Person bleibt beim Prozess des „ziehen".

„Die Aussage von Herrn B. kann ich so nicht stehen lassen."
    „Wo werden Sie die Aussage von Herrn B. lassen?"
Die ratsuchende Person wird sich erklären und dabei voraussichtlich ihre Lösungswege offenbaren.

„Haben Sie im ZDF den Gottesdienst gesehen?"
    „Was ist Ihnen da besonders ins Auge gefallen?"
Es geht gleich zu dem besonderen Anliegen der ratsuchenden Person.

„Dürfen Sie einen Ausgetretenen kirchlich beerdigen?"
    „Nein."
Das schlichte „nein" und Punkt ist eine klare Beantwortung des Mandats; wie es nach einer zugewandten Pause dann weitergeht, steht dahin, auf jeden Fall wird die ratsuchende Person sich äußern.

✏ Notieren Sie (aus Ihrem Gedächtnis)

„Eröffnungen", mit denen Sie in vergangenen Gesprächen konfrontiert wurden, und

dann Interventionen, mit denen Sie die Asymmetrie verstärken.

Danach denken Sie sich in aller Ruhe Interventionen aus, mit denen Sie das Mandat in Grenzen halten und Ihr Gegenüber zu einer partnerschaftlichen Gesprächshaltung auf der symmetrisch-solidarischen Achse bringen, und halten auch diese schriftlich fest.

💬 Bieten Sie in der Kleingruppe

zunächst eine Ihnen angetragene „Eröffnung" an, damit Ihr/e Trainingspartner/in (nach angemessener Besinnungspause) darauf „re"-agieren kann,

präsentieren Sie dann Ihre reflexartige und Ihre überlegte Intervention und

debattieren Sie dann in der Kleinrunde über die Wirkweisen der verschiedenen Interventionen.

Üben Sie der Reihe nach an möglichst vielen Beispielen.

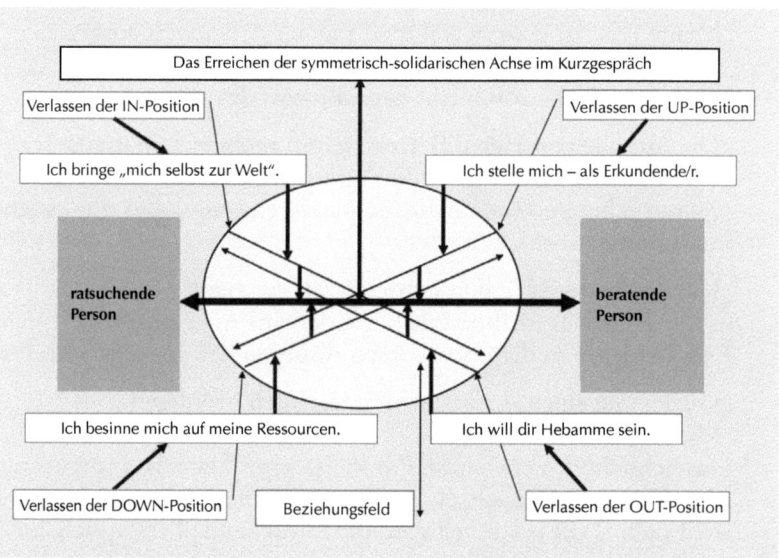

1.2.3 Zum Training

Training in Dreiergruppen

Trainingsanleitungen:

R lässt sich von S zum selbständigen „Arbeiten" anregen und folgt S auf die symmetrisch-solidarische Achse, wenn R sich dazu angehalten und eingeladen fühlt.

S analysiert das Beziehungsmuster von R und versucht, die symmetrisch-solidarische Achse anzusteuern.

Beobachtungsaufgaben für C:

Welche Asymmetrien hat R anfangs angeboten?
War R auf eine Asymmetrie besonders fixiert?
Welche Interventionen von S legten sich nahe?

Spielanleitungen für R

F
Gabi Bauer ist seit gut zwei Monaten als Praktikantin in der Gemeinde tätig: Sie soll der Gemeindeschwester bei der Betreuung von alten und gebrechlichen Gemeindemitgliedern helfen (Besorgungen/Spazierengehen bzw. -fahren).

Neben den Aufträgen der Gemeindeschwester sieht sie sich den „Begehrlichkeiten" der anderen Mitarbeiter/innen ausgesetzt: (Pastorin, Pastoren, Kantor, Küster, Vorsitzende des Kirchenvorstandes usw.); alle wollen „nur eben mal" diesen oder jenen kleinen Arbeitsauftrag bei ihr loswerden.

Gabi Bauer sieht S gerade ins Sprechzimmer im Gemeindehaus gehen, eilt flugs den Flur entlang, um S zu erwischen, bevor S sich einer Tätigkeit zuwenden kann, klopft, öffnet, kaum dass sie die Aufforderung „Herein!" gehört hat, bleibt dann aber an der Tür, die sie schnell hinter sich geschlossen hat, stehen:
„Entschuldigen Sie bitte, dass ich so unangemeldet hereinplatze. Ich hab Sie gerade in Ihr Zimmer gehen sehen. Wenn es geht, möcht' ich Sie gern mal allein sprechen. In der Dienstbesprechung liegt immer soviel anderes an. Es dauert vielleicht auch gar nicht lange ..."

M
Ewald Bauer ist seit gut zwei Monaten als Zivi in der Gemeinde tätig: Er soll der Gemeindeschwester bei der Betreuung von alten und gebrechlichen Gemeindemitgliedern helfen (Besorgungen/Spazierengehen bzw. -fahren).

Neben den Aufträgen der Gemeindeschwester sieht er sich den „Begehrlichkeiten" der anderen Mitarbeiter/innen ausgesetzt (Pastorin, Pastoren, Kantor, Küster, Vorsitzende des Kirchenvorstandes usw.): Alle wollen „nur eben mal" diesen oder jenen kleinen Arbeitsauftrag bei ihm loswerden.

Ewald Bauer sieht S gerade ins Sprechzimmer im Gemeindehaus gehen, eilt flugs den Flur entlang, um S zu erwischen, bevor S sich einer Tätigkeit zuwenden kann, klopft, öffnet, kaum dass er die Aufforderung „Herein!" gehört hat, bleibt dann aber an der Tür, die er schnell hinter sich geschlossen hat, stehen:

„Entschuldigen Sie bitte, dass ich so unangemeldet hereinplatze. Ich hab Sie gerade in Ihr Zimmer gehen sehen. Wenn es geht, möcht' ich Sie gern mal allein sprechen. In der Dienstbesprechung liegt immer soviel anderes an. Es dauert vielleicht auch gar nicht lange ..."

✳✳✳✳

F

Frau Althoff hat sich entschlossen, sich beraten zu lassen. Ihr Sohn Karsten macht ihr Sorgen: Seine schulischen Leistungen lassen stark nach. Sie weiß auch, dass Karsten von andern Schülern gehänselt und „verkloppt" wird, ohne sich zu wehren. Angst macht ihr, dass Karsten sich selbst als „Versager" sieht, was er auch so schon ausgesprochen hat.

Der Mann von Frau Althoff hat massive Alkoholprobleme. Frau Althoff hat die Scheidung eingereicht. Das Trennungsjahr „läuft" in der gemeinsamen Wohnung, da Herr Althoff sich weigert auszuziehen. Ihr Mann gibt ihr an allem die Schuld; sie dagegen denkt: Wenn ich bloß erst einmal den Mann los wäre..., aber was dann?

Frau Althoff hat S um einen Aussprachetermin gebeten.

M

Herr Althoff hat sich entschlossen, sich beraten zu lassen. Sein Sohn Karsten macht ihm Sorgen: Seine schulischen Leistungen lassen stark nach. Er weiß auch, dass Karsten von andern Schülern gehänselt und „verkloppt" wird, ohne sich zu wehren. Angst macht ihm, dass Karsten sich selbst als „Versager" sieht, was er auch so schon ausgesprochen hat.

Die Frau von Herrn Althoff hat massive Alkoholprobleme. Herr Althoff hat die Scheidung eingereicht. Das Trennungsjahr „läuft" in der gemeinsamen Wohnung, da Frau Althoff sich weigert auszuziehen. Seine Frau gibt ihm an allem die Schuld; er dagegen denkt: Wenn ich bloß erst einmal die Frau los wäre..., aber was dann?

Herr Althoff hat S um einen Aussprachetermin gebeten.

✸✸✸✸

F

Um Haaresbreite wäre Frau John als Radfahrerin tödlich verunfallt, als sie noch flugs einen Brief zum Postkasten bringen wollte, bevor um 20 Uhr S wegen der Konfirmation der ältesten Tochter zum Hausbesuch kommen würde.

Als Frau John dann nach Hause kommt, ist es schon fast 21 Uhr. Alle schauen sie fragend an. Frau John berichtet kurz, was ihr widerfahren ist, und möchte dann „zur Tagesordnung" übergehen.

Frau John ist bemüht, nach außen hin ganz cool zu erscheinen, aber innerlich ist sie ganz aufgewühlt: *„Was, wenn ich jetzt zu Tode gestürzt wäre? Was jag ich mich den ganzen Tag ab, um „alles" zu erledigen. Der Briefkasten wird eh erst morgen Vormittag geleert. Was soll diese Hetzerei? Es gibt doch Wichtigeres im Leben …"*

Als Frau John und P mal allein sind, sagt sie nachdenklich: *„Wie schnell einem doch was passieren kann …"*

M

Um Haaresbreite wäre Herr John als Radfahrer tödlich verunfallt, als er noch flugs einen Brief zum Postkasten bringen wollte, bevor um 20 Uhr S wegen der Konfirmation der ältesten Tochter zum Hausbesuch kommen würde.

Als Herr John dann nach Hause kommt, ist es schon fast 21 Uhr. Alle schauen ihn fragend an. Herr John berichtet kurz, was ihm widerfahren ist, und möchte dann „zur Tagesordnung" übergehen.

Herr John ist bemüht, nach außen hin ganz cool zu erscheinen, aber innerlich ist er ganz aufgewühlt: *„Was, wenn ich jetzt zu Tode gestürzt wäre? Was jag ich mich den ganzen Tag ab, um „alles" zu erledigen. Der Briefkasten wird eh erst morgen Vormittag geleert. Was soll diese Hetzerei? Es gibt doch Wichtigeres im Leben …"*

Als Herr John und S mal allein sind, sagt er nachdenklich: *„Wie schnell einem doch was passieren kann …"*

✸✸✸✸

F

Frau Nußbaum arbeitet ehrenamtlich in der Gemeinde (Büro, Eine-Welt-Laden). Sie und ihr Mann sind schon über 60, beide sind S bekannt aus verschiedenen Begegnungen. Ihr älterer Sohn ist verheiratet; aus der Ehe gibt es ein Kind. Die Frau des Sohnes hat sich jedoch vor einigen Wochen von ihrem Mann getrennt. Das macht den Großeltern sehr zu schaffen, da sie keinen Kontakt mehr zu ihrem Enkelkind haben.

Das Ehepaar Nußbaum hat an einer Beerdigungsfeier für das erwachsene Kind von Nachbarn teilgenommen. Auf dem Rückweg vom Grab werden sie auf dem Friedhofsweg von S überholt. Ein flüchtiger freundlicher Gruß. Dann aber, als S schon einige Schritte voraus ist, ruft Frau Nußbaum S hinterher:

„Was machen eigentlich Ihre Kinder, Frau/Herr S?"

M

Herr Nußbaum arbeitet ehrenamtlich in der Gemeinde (Büro, Eine-Welt-Laden). Er und seine Frau sind schon über 60, beide sind S bekannt aus verschiedenen Begegnungen. Ihr älterer Sohn ist verheiratet; aus der Ehe gibt es ein Kind. Die Frau des Sohnes hat sich jedoch vor einigen Wochen von ihrem Mann getrennt. Das macht den Großeltern sehr zu schaffen, da sie keinen Kontakt mehr zu ihrem Enkelkind haben.

Das Ehepaar Nußbaum hat an einer Beerdigungsfeier für das erwachsene Kind von Nachbarn teilgenommen. Auf dem Rückweg vom Grab werden sie auf dem Friedhofsweg von S überholt. Ein flüchtiger freundlicher Gruß. Dann aber, als S schon einige Schritte voraus ist, ruft Herr Nußbaum S hinterher:

„Was machen eigentlich Ihre Kinder, Frau/Herr S?"

1.3 Das Konfliktkarussell

Das Konfliktkarussell ist Ausdruck für einen in sich widersprüchlichen Gesprächsverlauf mit den antagonistischen Impulsen:

„Hilf mir!"   ←→   „Du kannst mir auch nicht helfen!"

Die Grundhaltung der beratenden Person, dem Konfliktkarussell angemessen zu begegnen, erwächst aus ihrer Fähigkeit, den interaktiven Mechanismus dieser (endlosen) Kommunikationsschleife sicher zu beherrschen.

Dieses Kapitel will dazu anleiten, das Strickmuster der Interaktionen schnell zu erkennen und sich die Fähigkeit zu erwerben, gelassen und bewusst zu intervenieren, um aus den wiederkehrenden Schleifen heraus in eine zielorientierte Richtung zu gelangen.

Lohse, Kurzgespräch, 38ff[13]

1.3.1 Die drei wiederkehrenden Impulse des Konfliktkarussells

Um die wiederkehrenden Impulse des Konfliktkarussells erkennen zu können, gilt es, die Aufmerksamkeit der beratenden Person weg von der speziellen Konfliktkonstellation hin zu dem generellen Strickmuster zu lenken.

Das generelle Muster wird in den ersten Bemerkungen der ratsuchenden Person deutlich. Dieses Muster umfasst im wesentlichen drei Arten:

Das „Opfer"-Muster; das „Sackgassen"-Muster; das „Desorientierungsmuster".

Das *Opfer-Muster* wird erkennbar an Einleitungen wie:

„Mein Mann wirft mir vor ...";
„Meine Vorgesetzte will dauernd ...";

---

13 Kap. 1.3, 35ff.

„Ich bin immer an allem schuld …“;
„Alle hacken auf mir ’rum …“
„Niemand hilft mir …“;
„Vielleicht können Sie mir ja helfen …“.

Die ratsuchende Person sieht und/oder empfindet sich als ungewolltes, unschuldiges oder bemitleidenswertes Opfer eines oder mehrerer Menschen ihres Umfeldes und weckt damit im angesprochenen Gegenüber den Impuls zu helfen, aus der Opferrolle herauszukommen. Wert und Würde eines Opfers gebieten es, seine unantastbaren Grundrechte wieder herzustellen.

◉ Das *Sackgassen-Muster* wird erkennbar an Formulierungen wie:

„Ich weiß nicht mehr weiter …“;
„Ich stecke in einer Falle …“;
„Wie ich mich auch dreh’ und wende …“;
„Ich bin total blockiert …“;
„Ich sehe keinen Ausweg mehr …“;
„Augen zu und durch …“.

Die ratsuchende Person fühlt und/oder empfindet sich in ihrer Handlungsfreiheit durch Personen, Lebensumstände, Schicksalsmächte erheblich oder gänzlich eingeschränkt und weckt damit im angesprochenen Gegenüber den Impuls, Lösungsmöglichkeiten zu erschließen, um aus der Sackgasse herauszukommen. Eine scheinbar unlösbare Konfliktsituation gebietet es, sich der intellektuellen Herausforderung des Rätsels zu stellen.

◉ Das *Desorientierungsmuster* wird erkennbar an Summarien wie:

„Ich weiß nicht, was ich machen soll …“;
„Egal, was ich mache, es ist immer falsch …“;
„Ich finde mich einfach nicht zurecht …“;
„Ich grüble Tag und Nacht über …“;
„Es ist alles sinnlos …“;
„Woran soll ich mich noch halten?“

Die ratsuchende Person fühlt und/oder empfindet ihre bisherigen Werte, Lebensziele und Handlungsmaxime als ineffizient, leer und/oder nichtssagend und weckt damit im angesprochenen Gegenüber den Impuls, Strukturen zu erarbeiten, um Ansatzpunkte für eine neue tragfähige Lebensorientierung sichtbar zu machen. Das Verlangen nach Werte- und Lebensorientierung gebietet es, sich persönlich für eine Wertestrukturierung zur Verfügung zu stellen.

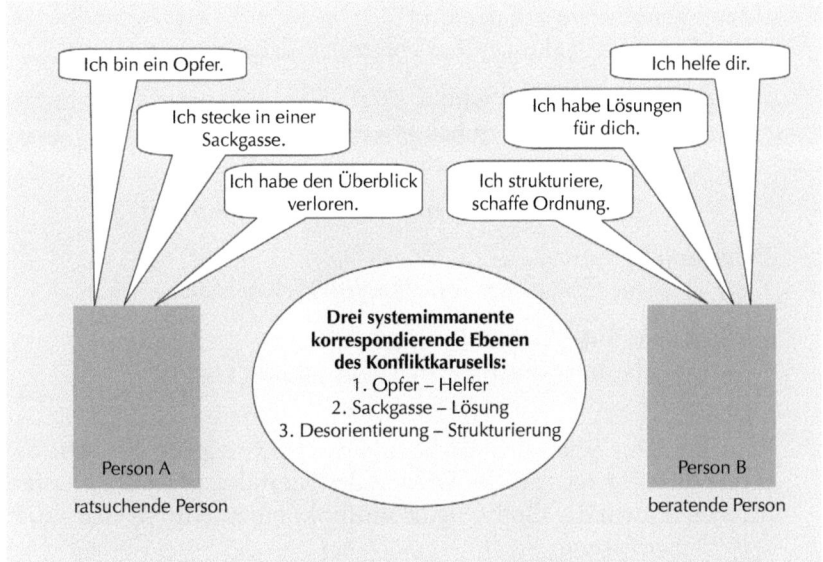

1.3.2 Einstellen auf die wiederkehrenden Impulse des Konfliktkarussells

Sich als beratende Person angemessen auf die Impulse des Konfliktkarussells einzustellen, bedeutet zunächst zu lernen,

▶ zum einen den scheinbar unvermeidbaren Gegenimpuls zu unterlassen und
▶ zum anderen der ratsuchenden Person eine alternative Intervention anzubieten.

Das lässt sich nur mit einer bewussten Dezelleration[14] des Gesprächstempos durch die beratende Person bewerkstelligen.

Diese Schritte gelten für alle drei Strickmuster des Konfliktkarussells in gleicher Weise.

👁 Einstellen auf das *Opfer-Muster*

☹ Der reflexartige Gegenimpuls als Einladung, das Konfliktkarussell zu besteigen, ist die Solidarisierung mit dem Gedanken- bzw. Gefühlskonstrukt des Opfers:

„Mein Mann wirft mir vor …“;
    „Wie kommt Ihr Mann dazu …?“

14 Vgl. Kap. 2.7.

„Meine Vorgesetzte will dauernd …“;

„Was denkt sich Ihre Vorgesetzte dabei, wenn sie Ihnen …?“

„Ich bin immer an allem schuld …“;

„Das klingt ziemlich verzweifelt …“.

„Alle hacken auf mir 'rum …“

„Hauklotz für alle zu sein, muss schlimm sein – “.

„Niemand hilft mir …“;

„Sie fühlen sich von allen im Stich gelassen –“.

„Vielleicht können Sie mir ja helfen …“.

„Nun, erzählen Sie mal, worum geht's denn?“

☺ Fünf bis zehn Sekunden nachdenklichen Schweigens genügen der beratenden Person, um das Drehen des Konfliktkarussells zu unterbrechen, indem das Opfer-Signal umfunktioniert wird in eine aktive Selbsthelferhaltung:

„Mein Mann wirft mir vor …“;

„Wie verworfen ist die Beziehung zwischen Ihnen und Ihrem Mann?“

Das Vorwurfsopfer wird aufgefordert, sich aktiv Gedanken zu machen über die eheliche Beziehungsstruktur und ihre eigenen Anteile daran.

„Meine Vorgesetzte will dauernd …“;

„Wie lange wird das noch dauern?“

Die Überlegungen des Vorgesetztenopfers werden durch die Ausrichtung in die Zukunft aus dem Kreisen in unveränderbarem Vergangenen in potentielle Wahlfreiheiten gelenkt.

„Ich bin immer an allem Schuld …“;

„Wofür übernehmen Sie (gern) die Verantwortung?“

Die Inversion von Schuld in Verantwortung aktiviert das Selbstwertgefühl.

„Alle hacken auf mir 'rum …“

„Wo und wann können Sie aufrecht durchs Leben gehen?“

Das Erkunden des aufrechten Ganges ist das Gegenmittel zur krankhaften Selbstwahrnehmung als einer sich immer wieder unter Schlägen duckenden Person.

„Niemand hilft mir …“;

„Was bewältigen Sie ohne fremde Hilfe?“

Die Litanei schier endloser Beweise versagter (fremder) Hilfe wird durch die Besinnung auf die eigenen Kraftressourcen unterbrochen.

„Vielleicht können Sie mir ja helfen …“.
„Wobei/Womit genau helfe ich Ihnen?“
Das Kreisen in virtuellen Räumen findet eine konkrete Zielrichtung.

✎ *Opfer-Muster*-Formulierungen aus der eigenen Praxis notieren,

dazu die reflexartigen Antwortimpulse,
sodann mögliche Interventionen, die das Drehen des Konfliktkarussells unterbrechen.

💬 In Kleingruppen die notierten Fälle besprechen und weitere Alternativinterventionen ausprobieren.

Welche Interventionsimpulse sind besonders dafür geeignet, das Konfliktkarussell zu beschleunigen?
Welche Interventionsimpulse sind besonders dafür geeignet, das Konfliktkarussell zu unterbrechen?

👁 Einstellen auf das *Sackgassen-Muster*

🙁 Der reflexartige Gegenimpuls als Einladung, das Konfliktkarussell zu besteigen, ist die intellektuelle Herausforderung für die beratende Person, einen Ausweg aus der für die ratsuchende Person scheinbar unlösbaren Konfliktsituation zu finden:
„Wie ich mich auch dreh' und wende …“
„Alles, was Sie bisher versucht haben, …“

„Ich bin total blockiert …“
„Sie sind wie gelähmt und möchten wieder frei werden?“

„Ich sehe keinen Ausweg mehr …“
„Sie suchen einen Ausweg aus … und möchten, dass ich Ihnen dabei behilflich bin?“

„Ich stecke in einer Falle …“
„… und da wollen Sie raus –“

„Ich weiß nicht mehr weiter …“
„Was beschäftigt Sie denn?“

„Augen zu und durch …“
„Na, vielleicht gibt's ja noch andere Möglichkeiten …“.

☺ Fünf bis zehn Sekunden nachdenklichen Schweigens genügen der beratenden Person, um das Drehen des Konfliktkarussells zu unterbrechen, indem das Sackgassen-Signal genutzt wird, um die ratsuchende Person in eine (ihr eigene) Supervisionshaltung zu bringen, die eigentlich der beratenden Person angetragen wird:

„Wie ich mich auch dreh' und wende …"
        „Auf Ihre Haltung zu … kommt es an."
Im inneren und äußeren Verhaltens- und Einstellungsrepertoire gibt es mehr als „drehen" und „wenden".

„Ich bin total blockiert …"
        „Bremsen blockieren, wenn man zu fest drauftritt."
Bilder, Symbole, Metaphern erweitern den Problemlösungshorizont.

„Ich sehe keinen Ausweg mehr …"
        „Unabhängig von … Wie sieht ein guter Weg für Sie aus?"
Heraus aus der Fixierung, einen „Aus"-weg zu finden, erschließt sich für die ratsuchende Person ihr weit gefächertes Erfahrungspotential.

„Ich stecke in einer Falle …"
        „Wer in der Falle steckt, hofft auf ein erlösendes Wunder."
Von der Metaebene hilft aus einer „wirklichen" Falle nur ein Wunder, oder die Falle hat doch ein Schlupfloch…

„Ich weiß nicht mehr weiter …"
        „Welches Wissen bringt Sie weiter?"
Jetzt geht es um das weiterbringende Wissen und wie die ratsuchende Person dieses erlangt.

„Augen zu und durch …"
        „Wer wird Sie daran hindern?"
Die ratsuchende Person wird nachdenklich und kommt vermutlich bald auf sich selber.

✎ Sackgassen-Muster-Formulierungen aus der eigenen Praxis notieren,

dazu die reflexartigen Antwortimpulse,
sodann mögliche Interventionen, die das Drehen des Konfliktkarussells unterbrechen.

🗨 In Kleingruppen die notierten Fälle besprechen und weitere Alternativinterventionen ausprobieren.

Welche Interventionsimpulse sind besonders dafür geeignet, das Konfliktkarussell zu beschleunigen?
Welche Interventionsimpulse sind besonders dafür geeignet, das Konfliktkarussell zu unterbrechen?

👁 Einstellen auf das *Desorientierungsmuster*

🙁 Der reflexartige Gegenimpuls als Einladung, das Konfliktkarussell zu besteigen, ist das eigene Bedürfnis nach einer Werte- und Lebensorientierung, die als Voraussetzung für den Lebenswillen – auch und gerade für die ratsuchende Person – als unabdingbar erlebt wird.

„Ich weiß nicht, was ich machen soll …"
   „Worum geht's Ihnen denn?"

„Egal, was ich mache, es ist immer falsch …"
   „Sie möchten es gern richtig machen …"

„Ich finde mich einfach nicht zurecht …"
   „Was ist Ihnen denn wichtig?"

„Ich grüble Tag und Nacht über …"
   „In Ihren Gedanken wägen sie ab, was gut oder weniger gut für Sie ist."

„Es ist alles sinnlos …"
   „Sie sehen in vielem keinen Sinn mehr und suchen nach Sinn."

„Woran soll ich mich noch halten?"
   „Sie fragen und suchen nach Halt in Ihrem Leben."

🙂 Fünf bis zehn Sekunden nachdenklichen Schweigens genügen der beratenden Person, um das Drehen des Konfliktkarussells zu unterbrechen, indem das Desorientierungssignal „eingenordet" wird auf einfache konkrete Lebenskoordinaten:

„Ich weiß nicht, was ich machen soll …"
   „Was muss Ihnen exakt klar sein, um …."
Das Benennen der exakten Wissenslücke richtet das Handeln der ratsuchenden Person an ihren konkreten Wertpunkten aus.

„Egal, was ich mache, es ist immer falsch …"
   „Was machen Sie falsch, was genau richtig?"
Die Konkretion von „falsch" und „richtig" machen befreit aus der generalisierenden Selbstverwerfung.

„Ich finde mich einfach nicht zurecht …"
   „Wo finden Sie sich konkret wieder?"
Von einem bestimmten Punkt aus lassen sich im Koordinatensystem des Lebens der ratsuchenden Person neue Lebensfiguren konstruieren.

„Ich grüble Tag und Nacht über …"
   „Wie heißt Ihr erster Gedanke wortwörtlich?"

Die Abnabelung aus der Gedankenpfuscherei des Grübelzwangs der ratsuchenden Person beginnt mit der ersten konkreten Verbalisierung.

„Es ist alles sinnlos …“
　　„Welche Ausnahme hat Sinn für Ihr Leben?“
Die konkrete einfache Ausnahme schlägt den ersten Pflock ein, an dem die ratsuchende Person ein Halteseil befestigen kann.

„Woran soll ich mich noch halten?“
　　„Was werden Sie unter keinen Umständen loslassen?“
Die Umkehrung der Fragerichtung wird ein konkretes Ergebnis offenbaren.

🖉 Desorientierungsmuster-Formulierungen aus der eigenen Praxis notieren,

dazu die reflexartigen Antwortimpulse,
sodann mögliche Interventionen, die das Drehen des Konfliktkarussells unterbrechen.

💬 In Kleingruppen die notierten Fälle besprechen und weitere Alternativinterventionen ausprobieren.

Welche Interventionsimpulse sind besonders dafür geeignet, das Konfliktkarussell zu beschleunigen?
Welche Interventionsimpulse sind besonders dafür geeignet, das Konfliktkarussell zu unterbrechen?

1.3.3 Zum Training

💬 Ausgesuchte Situationen aus den notierten Fällen anspielen:

Wie verändert sich die mentale und psychische Haltung der ratsuchenden Person auf Grund der unterschiedlichen Interventionen (reflexartig – überlegt)?
Bei der überlegten Intervention auf die Nachdenkpause von mindestens 15 Sekunden achten.

♻ Training in Dreiergruppen

Trainingsanleitungen:

R kurbelt das Konfliktkarussell munter an, wenn die Intervention von S dazu einlädt. R lässt sich von S aus dem Konfliktkarussell befreien, wenn die überlegte Intervention von S dazu einlädt.

S analysiert das Konfliktkarussell von R und bietet reflexartige Einfälle an, um festzustellen, ob das Konfliktkarussell damit in Schwung kommt.

S analysiert das Konfliktkarussell von R und überlegt in aller Ruhe seine Ausstiegsintervention.

✎ Beobachtungsaufgaben für C:

Um was soll es sich nach dem „Willen" von R „drehen"?
Wird die Nachdenkzeit ausreichend genutzt?
Welche reflexartigen Interventionen von S haben das Konfliktkarussell angeschoben?
Welche überlegten Interventionen von S haben das Konfliktkarussell gestoppt?

Spielanleitungen für R

Übungsfall Opfer-Muster

F

Frau Luther (51 J.) ist Mitglied im Kirchenvorstand, in erster Ehe früh geschieden, kinderlos, arbeitet in der Stadtverwaltung, in ihrer Abteilung als einzige Frau neben neun Männern, ist in dieser Abteilung die Dienstälteste, aber nicht Abteilungsleiterin.

Frau Luther wird im KV wegen ihrer gründlichen und freundlichen Art geschätzt. Sie ist zuständig für Finanzen, Buchhaltung, Beschaffungen, Organisatorisches – eben auch Verwaltungsaufgaben.

Frau Luther ist regelmäßige Gottesdienstbesucherin und nimmt gern an den Bildungsangeboten der Gemeinde teil. Zu S besteht ein vertraut distanziertes Verhältnis. Auf Frau Luther ist absolut Verlass.

Frau Luther hat S um ein Gespräch gebeten, „das nichts mit der Gemeinde zu tun hat". Zum vereinbarten Termin erscheint Frau Luther pünktlich. Nach der Begrüßung und einer kurzen Schweigepause sagt Frau Luther:

„Ich mag es gar nicht sagen, aber es ist so: Die wollen mich loswerden!"

M

Herr Luther (51 J.) ist Mitglied im Kirchenvorstand, in erster Ehe früh geschieden, kinderlos, arbeitet in der Stadtverwaltung, in seiner Abteilung als einziger Mann neben neun Frauen, ist in dieser Abteilung der Dienstälteste, aber nicht Abteilungsleiter.

Herr Luther wird im KV wegen seiner gründlichen und freundlichen Art geschätzt. Er ist zuständig für Finanzen, Buchhaltung, Beschaffungen, Organisatorisches – eben auch Verwaltungsaufgaben.

Herr Luther ist regelmäßiger Gottesdienstbesucher und nimmt gern an den Bildungsangeboten der Gemeinde teil. Zu S besteht ein vertraut distanziertes Verhältnis. Auf Herrn Luther ist absolut Verlass.

Herr Luther hat S um ein Gespräch gebeten, „das nichts mit der Gemeinde zu tun hat". Zum vereinbarten Termin erscheint Herr Luther pünktlich. Nach der Begrüßung und einer kurzen Schweigepause sagt Herr Luther:

„Ich mag es gar nicht sagen, aber es ist so: Die wollen mich loswerden!"

Übungsfall Desorientierungsmuster

F

Frau Schrader hat drei Kinder aus ihrer ersten Ehe, mit ihrem jetzigen Mann noch ein gemeinsames Kind. Diese Tochter Annette ist zum neuen Konfirmandenunterrichtskursus angemeldet. Zum einführenden Elternabend erscheint Frau Schrader allein – ohne Annette und ohne ihren Mann: ‚Sie habe das wohl falsch verstanden', sagt sie, als sie die andern Eltern mit ihren Kindern sieht.

Frau Schrader agiert zerfahren und unkonzentriert.

Nach dem Elternabend richtet Frau Schrader es so ein, dass sie sich als letzte verabschiedet.

Frau Schrader reicht ihre Hand nicht zum Abschied, sondern wringt etwas verlegen ihre Hände, schaut meist auf den Boden, schüttelt den Kopf und murmelt mehr für sich hin:

„Ich bin ganz durcheinander; ich weiß eigentlich nicht, was ich will …".

M

Herr Schrader hat drei Kinder aus erster Ehe, mit seiner jetzigen Frau noch ein gemeinsames Kind. Diese Tochter Annette ist zum neuen Konfirmandenunterrichtskursus angemeldet. Zum einführenden Elternabend erscheint Herr Schrader allein – ohne Annette und ohne seine Frau: ‚Ich habe das wohl falsch verstanden', sagt er, als er die andern Eltern mit ihren Kindern sieht.

Herr Schrader agiert zerfahren und unkonzentriert.

Nach dem Elternabend richtet Herr Schrader es so ein, dass er sich als letzter verabschiedet.

Herr Schrader reicht seine Hand nicht zum Abschied, sondern wringt etwas verlegen seine Hände, schaut meist auf den Boden, schüttelt den Kopf und murmelt mehr für sich hin:

„Ich bin ganz durcheinander; ich weiß eigentlich nicht, was ich will ...".

Übungsfall Sackgassen-Muster

F

Frau Kohler liegt mit Gott und der Welt im Streit. Überall findet sie ein Haar in der Suppe, das sie dann gern mit bissigen Bemerkungen den Verantwortlichen präsentiert. Freunde/innen macht sie sich damit nicht. Ihre Ehe ist geschieden, die beiden Kinder (15 J.; 17 J.) wollen nichts von ihr wissen. Frau Kohler ist S nicht bekannt.

Nach dem Gottesdienst spricht Frau Kohler S an der Kirchentür an; sie hat gewartet, bis P alle übrigen Gottesdienstbesucher verabschiedet hat. Sie überrascht P mit einem auffallend freundlich-festen Händedruck.

Frau Kohler bedankt sich für die „überraschend" gute Predigt, wartet ab, wie S reagiert und „überrascht" S dann mit der hingeworfenen Bemerkung:

„Übrigens, ich will aus der Kirche austreten!"

Natürlich hat sie tausendundeinen Grund dafür – von der Kirchensteuer bis zu den verschlossenen Kirchentüren. Dazwischen kommt wiederkehrend der Kommentar: „Das überrascht mich überhaupt nicht, dass so viele aus der Kirche austreten!"

M

Herr Kohler liegt mit Gott und der Welt im Streit. Überall findet er ein Haar in der Suppe, das er dann gern mit bissigen Bemerkungen den Verantwortlichen präsentiert. Freunde macht er sich damit nicht. Seine Ehe ist geschieden, die beiden Kinder (15 J.; 17 J.) wollen nichts von ihm wissen. Herr Kohler ist S nicht bekannt.

Nach dem Gottesdienst spricht Herr Kohler S an der Kirchentür an; er hat gewartet, bis S alle übrigen Gottesdienstbesucher verabschiedet hat. Er überrascht S mit einem auffallend freundlich-festen Händedruck.

Herr Kohler bedankt sich für die „überraschend" gute Predigt, wartet ab, wie S reagiert und „überrascht" S dann mit der hingeworfenen Bemerkung:

„Übrigens, ich will aus der Kirche austreten!"

Natürlich hat er tausendundeinen Grund dafür – von der Kirchensteuer bis zu den verschlossenen Kirchentüren. Dazwischen kommt wiederkehrend der Kommentar: „Das überrascht mich überhaupt nicht, dass so viele aus der Kirche austreten!"

F

Frau Gintz liegt wegen eines akut aufgetretenen „Magenblutens"
auf der Inneren Station des Kreiskrankenhauses.

Frau Gintz ist verheiratet. Mit ihrem Mann und ihren drei Kindern
(12 J.; 15 J.; 17 J.) leben sie in einem geräumigen Reihenhaus.
Anfang November hat sie erfahren, dass ihre Mutter (79 J.) unheilbar an Krebs erkrankt ist und „wohl das neue Jahr nicht mehr erleben
wird". Sowohl Frau Gintz als auch ihre Mutter könnten zum Heiligabend nach Hause entlassen werden.

Herr Gintz möchte nicht, dass die Mutter von Frau Gintz den
Heiligabend in „seinem" Haus verbringt. Seine Frau müsse nun mal
auf sich achten. Schließlich seien da noch die anderen Geschwister
der Frau, die alle Platz genug in ihren Häusern hätten und bislang
nie gezögert hätten, die großartigen Geschenke der Mutter anzunehmen. Frau Gintz hat sich stets um ihre Mutter gekümmert; mit
ihren Geschwistern gab es deswegen wiederholt Auseinandersetzungen: „Die wollen mir immer dreinreden, krümmen selber
aber nicht mal den kleinen Finger!"

Frau Gintz, nachdem S sich vorgestellt hat:

*„Haben Sie einen Augenblick Zeit. Vielleicht können Sie mir ja
aus der Falle helfen. Sehen Sie, ich liege hier mit Magenbluten...."*
und dann folgt das Konfliktkarussell.

M

Herr Gintz liegt wegen eines akut aufgetretenen „Magenblutens"
auf der Inneren Station des Kreiskrankenhauses.

Herr Gintz ist verheiratet. Mit seiner Frau und ihren drei Kindern
(12 J.; 15 J.; 17 J.) leben sie in einem geräumigen Reihenhaus.
Anfang November hat er erfahren, dass seine Mutter (79 J.) unheilbar
an Krebs erkrankt ist und „wohl das neue Jahr nicht mehr erleben
wird". Sowohl Herr Gintz als auch seine Mutter könnten zum Heiligabend nach Hause entlassen werden.

Frau Gintz möchte nicht, dass die Mutter von Herrn Gintz den
Heiligabend in ihrem Haus verbringt. Er, Herr Gintz, müsse nun mal
auf sich achten. Schließlich seien da noch die anderen Geschwister,
die alle Platz genug in ihren Häusern hätten und bislang nie gezögert hätten, die großartigen Geschenke der Mutter anzunehmen.
Herr Gintz hat sich stets um seine Mutter gekümmert; mit seinen
Geschwistern gab es deswegen wiederholt Auseinandersetzungen:
*„Die wollen mir immer dreinreden, krümmen selber aber nicht mal
den kleinen Finger!"*

Herr Gintz, nachdem S sich vorgestellt hat:
„Haben Sie einen Augenblick Zeit. Vielleicht können Sie mir ja aus der Falle helfen. Sehen Sie, ich liege hier mit Magenbluten...." und dann folgt das Konfliktkarussell.

Die Methodik
der Gesprächsführung

Der von der ratsuchenden Person zum „Sichberaten" eingeladenen oder aufgeforderten Person stehen besondere dialogische Vorgehensweisen zur Verfügung, um dieses Beratungsgespräch zu steuern. Diese steuernde (kybernetische) Funktion wird der/m Seelsorger/in von der ratsuchenden Person stillschweigend oder auch ausdrücklich zugestanden, da sie mit dem Auftrag: „Berate dich mit mir!" zugleich das Mandat verbindet, aus dem steuerlosen Treiben bzw. der festgefahrenen Situation befreit zu werden. Der dialogische Prozess verhilft der ratsuchenden Person dazu, sich ihrer personalen Wirklichkeit bewusst zu werden und entsprechend zu organisieren.

Diese dialogische Steuermannskunst setzt Kennen und Können im mäeutischen Erkunden, im kommunikativen Handeln, in der zukunfts- und lösungsorientierten Vorgehensweise unter Einbeziehung narrativer Elemente voraus. Neben dem theoretischen Erfassen lässt sich dieses methodische Können nur durch ein gezieltes Training der entsprechenden Gesprächstechniken erwerben.

Dieses methodische Vorgehen erfordert den radikalen Abschied von psychologischer oder psychotherapeutischer Gesprächsführung und -haltung.

Die seelsorgliche Grundhaltung, die sich mit diesem zielorientierten Vorgehen verbindet, ist bestimmt von der Hoffnung auf die neuen Möglichkeiten der Zukunft. Etwas zugespitzt charakterisiere ich diese Haltung folgendermaßen:

> Hoffnung beleben statt Frust ergründen,
> Ressourcen fördern statt Defizite benennen,
> Gesundes stärken statt Krankes bekämpfen,
> Möglichkeiten erkunden statt Befindlichkeiten verbalisieren,
> aufschlüsseln statt deuten,
> orientieren statt problematisieren,
> entdecken statt diagnostizieren,
> auf das Gelingen aus sein statt komplizieren,
> mehr vom „Anderen" statt mehr vom „Gleichen".

In der zielorientierten Kurzberatung kommen verschiedene methodische Schritte zur Anwendung, die sich wechselseitig bedingen und ergänzen.

Die Handhabung aller methodischen Werkzeuge dient einem gemeinsamen Ziel:

Die ratsuchende Person soll im Vollzug des „Sichberatens" zu der ihr von Gott gegebenen potentiellen Komplexität zurückfinden.

Lohse, Kurzgespräch, 54ff[1]

In einem 1. Übungsschritt gilt es, die Eigenart und Wirkweise des einzelnen methodischen „Handwerkzeugs" kennenzulernen. Dazu gehört wiederum auch das Erkennen von Fehlhaltungen seitens der beratenden Person, die eine zielorientierte Kurzberatung behindern.

In einem 2. Übungsschritt geht es darum, sich durch wiederholtes kleinteiliges Trainieren von Interventionen der jeweils vorgestellten Methode eigene Sicherheit zu erwerben.

In gespielten Übungsfällen kann und wird der Umgang mit dem jeweils vorgestellten methodischen Schritt praktisch angeeignet; dabei wird sich zeigen, welche Möglichkeiten diese Methode erschließt, wie sie sich mit anderen ergänzt und auch, welche Grenzen sie hat.

1 Kap. 2, 55ff.

2.1 andocken

Das Andocken vollzieht sich im System zweier Personen im kommunikativen Anschluss auf verbaler, nonverbaler und paraverbaler Ebene.

Über den wechselseitigen kommunikativen Anschluss kommt es zu einer Drift hinsichtlich der Wirklichkeitskonstruktion im geschlossenen System der beiden Personen.

Im Rahmen der Drift ergibt sich über den kommunikativen Anschluss die kybernetische Funktion der beratenden Person.

Dieses Kapitel will dazu anleiten, das Gespür der beratenden Person für die angemessenen Steuerungsmöglichkeiten innerhalb der Drift zu entwickeln.

📖 Simon, Systeme[2]

📖 Maturana/Varela, Erkenntnis[3]

📖 Lohse, Kurzgespräch, 61ff[4]

2.1.1 Das Verstehen der Mitteilung einer Information

Eine akustisch wahrgenommene Information zu verstehen, setzt eine Differenzierungsleistung voraus, die den über die Oberflächenstruktur der Sprache transportierten Mitteilungsgehalt der Tiefenstruktur des Informierenden herausfiltert. Da dieser Prozess überaus vielschichtig ist, kann das Verstehen nur über einen wechselseitig fortschreitenden kommunikativen Anschluss auf allen Ebenen des Ausdrucks gelingen.

◎ Die *Kongruenz bzw. Diskongruenz* zwischen verbalem, nonverbalem und paraverbalem Ausdruck eröffnet Möglichkeiten des Andockens:

---

2 Simon, Fritz B. (Hg.), Lebende Systeme, Frankfurt, 1997.
3 Maturana, Humberto/Varela, Francisco, Der Baum der Erkenntnis, Bern 1987.
4 Kap. 2.1, 56ff.

Beispiel:
„Ich weiß jetzt, was ich tue!" mir klarem Augenkontakt und fester Stimme.
„Ich freue mich riesig!" mit gesenktem Kopf und leiser Stimme.

Die *(vorhandene oder fehlende) Kohärenz* im verbalen Ausdruck, in der Mimik und Gestik sowie in der Stimmlage bieten Ansatzpunkte zum Andocken:

Beispiel:
Die ratsuchende Person äußert sich in gleichmäßigem Redefluss und ihr genehmer Stimmlage mit passender Mimik und Gestik. Die ratsuchende Person stockt, wechselt unvermittelt die Stimmhöhe und macht unpassende Bewegungen mit Kopf und Händen.

Die benutzte Sprache wirkt eigen und echt oder schabloniert und unauthentisch.

Beispiele: Psychojargon, Sprache Kanaans, modern gestylt, denglisch.

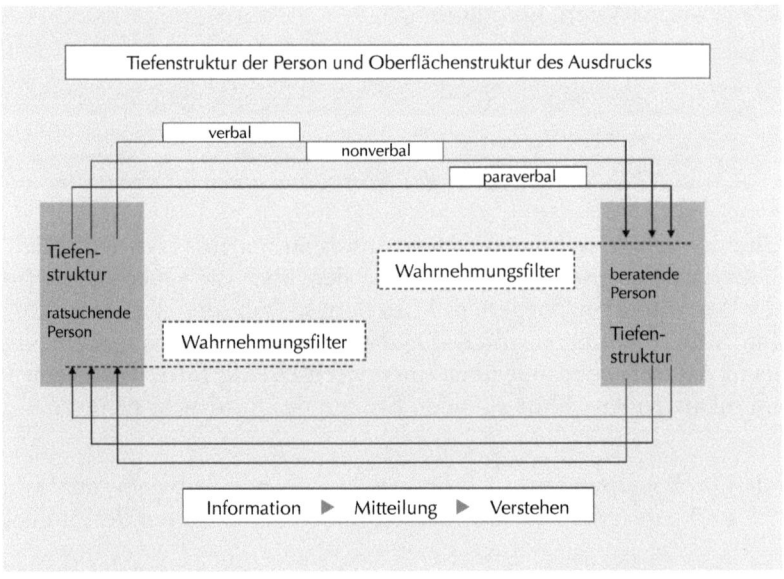

● Verstehen von Mitteilungen ist ein fortlaufender Prozess im kommunikativen Anschluss; wenn der Anschluss nicht mehr gelingt, bricht der Prozess ab, und es wird nicht mehr verstanden. Es folgt:

Nebeneinander-her-Reden
Aneinander-vorbei-Reden
Recht-behalten-Wollen
Miteinander-Reden.

◉ Wird wechselseitig der kommunikative Anschluss gefunden, kommt es zu einer strukturellen Verkoppelung im System der beiden Personen, sie „verstehen" sich und konstruieren eine ihrem System immanente Wirklichkeit.

> Beispiel:
> R: Ich brauche einen Menschen, der mir zuhört.
>> R.s *Information* ist erst zu *verstehen,* wenn klar ist, was R *mitteilen* will.
> S: Worauf soll dieser Mensch hören?
>> S sucht den Anschluss über „hören" und „Mensch", um herauszufiltern, was R mitteilen möchte.
> R: Ich *habe* keinen Menschen, der mir zuhört.
>> R hält den Anschluss (Mensch, hören), verändert jedoch seine Information, um verstanden zu werden (habe keinen).
> S: Woran merken Sie, dass ein Mensch Ihnen zuhört?
>> S will weiterhin die Information „Mensch" „zuhören" so differenzieren, dass S sie versteht.
> R: Dass er meine Gedanken versteht.
>> R differenziert „zuhören" in „Gedanken verstehen".
> S: Welche Ihrer Gedanken soll ich verstehen?
>> S schließt an „Gedanken" und „verstehen" an, verändert jedoch „Mensch" in „ich".
> R: Ich mache mir Gedanken über mein Leben. Vielleicht verstehen Sie als Seelsorger/in mich ja …
>> R bietet S jetzt zwei Anschlussmöglichkeiten an: „Gedanken über mein Leben" und „Sie als Seelsorger/in".
> S: Welche Ihrer Gedanken über Ihr Leben soll ich als Seelsorger/in verstehen?
>> S verknüpft alle bisher verstandenen Mitteilungen.
> R: Ich mache mir so meine eigenen Gedanken über mein Leben nach dem Tod.
>> R gibt jetzt die Richtung vor, in die seine Hoffnung, einen Menschen zu haben, der ihm zuhört, driftet.

Vorausgesetzt, R und S gelingt es, im kommunikativen Anschluss zu bleiben, wird über diese strukturelle Koppelung eine für R und S neue Wirklichkeit konstruiert.

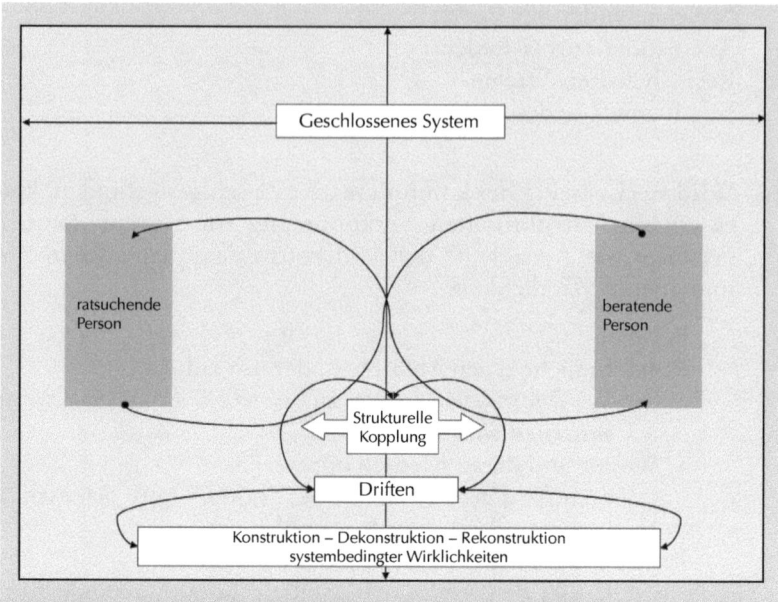

Simon, Wirklichkeitskonstruktionen[5]

Anhand eines konkret erinnerten Gesprächsanfangs aus der eigenen Praxis schriftlich einen Dialog phantasieren und konstruieren, in dem die Möglichkeiten des kommunikativen Anschlusses spielerisch ausprobiert werden.

Die folgende Trainingsaufgabe weicht vom üblichen Setting ab: Es geht um das Phänomen der Drift im kommunikativen Anschluss.

Drei Personen aus dem Plenum erklären sich bereit, einen parallelen stummen schriftlichen Dialog mit der/dem Trainingsleiter/in[6] zu führen; dabei übernimmt die/der Trainingsleiter/in die Rolle von N, die drei Teilnehmer/innen die Rolle von KS.

Nach Ausgabe der „Aufgabe" füllen die Teilnehmer/innen jeweils für sich eine KS-Zeile aus, geben den Zettel an N zurück; N wiederum „antwortet" schriftlich und gibt den Zettel an jede/n KS zurück. Dieser schriftliche Dialog wird viermal geführt.

---

5 Simon, Fritz B., Wirklichkeitskonstruktionen in der Systemischen Therapie in: Simon, Fritz B. (Hg.), Lebende Systeme, Frankfurt, 1997, 7-18.
6 Die/der Trainingsleiter/in denkt sich ein Anliegen aus, das ihr/ihm als N an- und auszusprechen schwerfällt. Je nachdem, wie über die strukturelle Kopplung der Dialog driftet, wird eine je unterschiedliche anschließende „Antwort" (auch Schweigen) vermerkt.

Das Plenum wird über die Ausgangssituation informiert; jede teilnehmende Person notiert ihren eigenen ersten kommunikativen Anschluss.

Die Aufgabe:

Krankenseelsorger/in (KS) will einen Patienten (P) im 2-Bettzimmer besuchen. P ist gerade nicht anwesend, jedoch der Bettnachbar (N).

N sitzt am Tisch und gibt KS freundlich Auskunft, dass P gerade mal weggegangen, aber sicher bald wieder zurück sei, ob KS sich nicht einen Augenblick zu N setzen wolle.

KS setzt sich zu N an den Tisch. Nach der Vorstellungsbegrüßung und einer folgenden kurzen Schweigepause sagt N:

N: *„Es ist draußen wieder sehr kalt geworden."*

KS:

N:

KS:

N:

KS:

N:

KS:

Nach der Auswertung der unterschiedlichen Driften im Plenum: Aussprachegruppe zum Thema:

Was hilft mir, die *Mitteilung* einer *Information* zu *verstehen*?
Was hindert mich, die *Mitteilung* einer *Information* zu *verstehen*?
Was möchte ich hinsichtlich meiner kommunikativen Kompetenz lernen?

2.1.2 Einstellen auf angemessene Steuerungsmöglichkeiten

Zum Bemühen um den kommunikativen Anschluss seitens der beratenden Person tritt als steuerndes Element die Wirkung, die von ihrer Grundeinstellung zu ihrem Gegenüber und dessen „Anfrage" ausgeht; es geht um die Einstellung der Sichtweise, ob ein Glas „halbleer" oder „halbvoll" ist.

◉ Fast jede Problemansage der ratsuchenden Personen ist in eine „negative" Formulierung gefasst. Da ein Mensch sich „nicht *nicht* verhalten"[7] kann, kann auch die beratende Person sich nicht „bewertungsfrei" gegenüber der „negativen" Problemansage verhalten und wird entweder die „negative" Sicht übernehmen oder die „positive"[8] Sicht einbringen. Diese andere Sichtweise bleibt nicht ohne Auswirkung auf die durch den wechselseitigen kommunikativen Anschluss entstehende Drift im geschlossenen System zweier Menschen.

Beispiele negativer Problemansagen:

„Ich habe niemanden, der mir zuhört."
„Ich verstehe die Welt nicht mehr."
„Es wird mir alles zuviel."
„Die Nörgelei meiner Frau ertrage ich nicht mehr."
„Ich pack's nicht."
„Die können mir alle den Buckel runterrutschen."
„Keiner nimmt Rücksicht auf mich."
„Meine Meinung interessiert nicht."
„Ich bin völlig fertig."
„Es gleitet mir alles aus der Hand."
„Früher war alles besser."

☹ Die ratsuchende Person wird durch die Intervention der beratenden Person in der negativen Sicht bestärkt:

„Ich habe niemanden, der mir zuhört."
„Sie finden kein Ohr, das sich Ihnen öffnet."

„Ich verstehe die Welt nicht mehr."
„Alles ist mit sieben Siegeln verschlossen."

„Es wird mir alles zuviel."
„Es liegt zuviel auf Ihren Schultern."

---

7 Watzlawick, Paul, Menschliche Kommunikation, Bern, 1969, 51.
8 „negativ – positiv" nicht im Sinne einer Bewertung, sondern im Sprachgebrauch der Photographie.

„Die Nörgelei meiner Frau ertrage ich nicht mehr."
„Die Grenze des für Sie Erträglichen ist erreicht."

„Ich pack's nicht."
„Ihnen fehlt die Kraft."

„Die können mir alle den Buckel runterrutschen."
„Was die andern denken, ist Ihnen egal."

„Keiner nimmt Rücksicht auf mich."
„Alle trampeln auf Ihnen herum."

„Meine Meinung interessiert nicht."
„Sie fühlen sich überflüssig."

„Ich bin völlig fertig."
„Erschöpft und ausgelaugt."

„Es gleitet mir alles aus der Hand."
„Da ist nichts, was Sie wirklich fassen und halten können."

„Früher war alles besser."
„Sie kommen mit dem Heute nicht zurecht."

☺ Die beratende Person kann sich auf die Kehrseite der Medaille konzentrieren:

„Ich habe niemanden, der mir zuhört."
„Wobei möchten Sie, dass Ihnen jemanden zuhört?"

„Ich verstehe die Welt nicht mehr."
„Was von der Welt möchten Sie verstehen?"

„Es wird mir alles zuviel."
„Und das Wenige, das Ihnen zusagt?"

„Die Nörgelei meiner Frau ertrage ich nicht mehr."
„Wie kann es zu einem erträglichen Gespräch zwischen Ihnen und Ihrer Frau kommen?"

„Ich pack's nicht."
„Was müssen Sie ändern?"

„Die können mir alle den Buckel runterrutschen."
„Wer wird Sie dann ernst nehmen?"

„Keiner nimmt Rücksicht auf mich."
„Wie wollen Sie berücksichtigt werden?"

„Meine Meinung interessiert nicht."
„Was genau meinen Sie?"

„Ich bin völlig fertig."
„Was wird Ihnen jetzt gut tun?"

„Es gleitet mir alles aus der Hand."
„Mit welcher Fähigkeit können Sie etwas halten?"

Es geht bei diesen „positiven" Formulierungen nicht um die „richtige" Kehrseite, sondern um eine mögliche; entscheidend ist, dass nicht das Defizitäre in den Mittelpunkt rückt, sondern Alternativen in den Blick geraten.

Möglichst viele Negativformulierungen notieren und die beiden oben aufgezeigten Varianten mit eigenen Formulierungen durchspielen.

Bieten Sie in der Kleingruppe
zunächst eine Ihrer negativen Problemansagen an und lassen Sie Ihr/e Trainingspartner/in zunächst „negativ" und dann „positiv" darauf antworten.

Diskutieren Sie dann miteinander, welche Wirkung die jeweilige Antwort bei Ihnen ausgelöst hat.

2.1.3 Zum Training

Training in Dreiergruppen

Trainingsanleitungen:

Wenn R spürt, dass S andockt, geht R mit, besonders wenn die Kehrseite der Medaille von S angesprochen wird.

S achtet auf die Andockmöglichkeiten und darf sich mehrmals korrigieren, wenn S plötzlich noch einen anderen, „besseren" Einfall hat.

Beobachtungsaufgaben für C:

Welche Andockmanöver hat S gestartet?
Welche Andockstellen haben sich S geboten?
Wie reagierte R auf das „positive" Andocken?

Spielanleitungen für R

F

Jasmin, Schülerin, 14/15 Jahre alt, sitzt in der Zwickmühle: Hausaufgaben machen und/oder den Eltern beim Renovieren des neu gekauften Hauses (in dem ihr ein wunderschönes Zimmer zugewiesen ist) helfen. Heute ist sie mal wieder ohne fertige Hausaufgaben in der Schule. Nach der Religionsstunde, für die keine Hausaufgaben zu erledigen waren, spricht Jasmin S an:
„Ich kann gar keine Hausaufgaben machen ..."

M

Jakob, Schüler, 14/15 Jahre alt, sitzt in der Zwickmühle: Hausaufgaben machen und/oder den Eltern beim Renovieren des neu gekauften Hauses (in dem ihm ein wunderschönes Zimmer zugewiesen ist) helfen. Heute ist er mal wieder ohne fertige Hausaufgaben in der Schule. Nach der Religionsstunde, für die keine Hausaufgaben zu erledigen waren, spricht Jakob S an:
„Ich kann gar keine Hausaufgaben machen ..."

❊❊❊❊

F

Frau Schnepel, die S von der kirchlichen Trauung vor etwa einem halben Jahr kennt, hat S um ein Gespräch gebeten (dringend). In S.s Erinnerung war damals alles eitel Freude und Sonnenschein: das Paar hatte sich nach zwölf Jahren gemeinsamen Lebens zur Heirat und kirchlichen Trauung entschieden. Nach der rituellen Begrüßung beginnt Frau Schnepel:
„Es ist eine lange Geschichte. Haben Sie Zeit zum Zuhören?"
    Frau Schnepels Schwiegermutter regiert ständig in die Beziehung hinein. Nach der Heirat ist es noch schlimmer geworden:
„Was soll man da machen? Mit meinem Mann kann ich nicht reden; der geht sofort damit zu seiner Mutter, und die ruft dann gleich bei mir an und setzt mich unter Druck!"

M

Herr Schnepel, den S von der kirchlichen Trauung vor etwa einem halben Jahr kennt, hat S um ein Gespräch gebeten (dringend). In S.s Erinnerung war damals alles eitel Freude und Sonnenschein: das Paar hatte sich nach zwölf Jahren gemeinsamen Lebens zur Heirat und kirchlichen Trauung entschieden. Nach der rituellen Begrüßung beginnt Herr Schnepel:
„Es ist eine lange Geschichte. Haben Sie Zeit zum Zuhören?"

Herrn Schnepels Schwiegermutter regiert ständig in die Beziehung hinein. Nach der Heirat ist es noch schlimmer geworden: *„Was soll man da machen? Mit meiner Frau kann ich nicht reden; die geht sofort damit zu ihrer Mutter, und die ruft dann gleich bei mir an und setzt mich unter Druck!"*

✳✳✳✳

F

S trifft Frau Voß (75 J.), Gemeindeglied, zufällig auf der Straße. Früher war sie oft im Gottesdienst, in den letzten Monaten gar nicht mehr.

S: *„Guten Tag, Frau Voß. Schön, dass ich Sie mal wieder sehe –"*

Da fällt Frau Voß S fast ins Wort:

„Guten Tag, …! Da haben Sie Recht. Ja, ich kann einfach nicht mehr zur Kirche kommen. Sie müssen wissen, ich bin gar nicht mehr so oft zu Hause. Mein Sohn aus dem Nachbarort holt mich ganz oft zu sich. Da komme ich wenigstens auf andere Gedanken. Dass ich das noch erleben muss, dass meine eigene Tochter nicht mehr mit mir redet und mich aus dem Garten wirft. Das brach mir fast das Herz. Da komme ich einfach nicht drüber weg. Das hat es in unserer Familie noch nie gegeben. Und das alles nur wegen dem neuen Lebensgefährten meiner Tochter. Am liebsten wär's dem, ich wär' tot! Dann könnte er auf dem Grundstück machen, was er will!"

M

S trifft Herrn Voß (75 J.), Gemeindeglied, zufällig auf der Straße. Früher war er oft im Gottesdienst, in den letzten Monaten gar nicht mehr.

S: *„Guten Tag, Herr Voß. Schön, dass ich Sie mal wieder sehe –"*

Da fällt Herr Voß S fast ins Wort:

„Guten Tag, …! Da haben Sie Recht. Ja, ich kann einfach nicht mehr zur Kirche kommen. Sie müssen wissen, ich bin gar nicht mehr so oft zu Hause. Mein Sohn aus dem Nachbarort holt mich ganz oft zu sich. Da komme ich wenigstens auf andere Gedanken. Dass ich das noch erleben muss, dass meine eigene Tochter nicht mehr mit mir redet und mich aus dem Garten wirft. Das brach mir fast das Herz. Da komme ich einfach nicht drüber weg. Das hat es in unserer Familie noch nie gegeben. Und das alles nur wegen dem neuen Lebensgefährten meiner Tochter. Am liebsten wär's dem, ich wär' tot! Dann könnte er auf dem Grundstück machen, was er will!"

✳✳✳✳

F

Zeit ihres Lebens hat sich Frau Winter „gekümmert": um ihre Eltern, die nun schon einige Jahre verstorben sind; um den alkoholkranken Mann, der jetzt unheilbar an Lungenkrebs erkrankt ist und auf der Intensivstation beatmet wird; um den einzigen Sohn, der seit dem 18. Lebensjahr (jetzt 39 J.) psychisch krank ist; um ihren Bruder, der auch Krebs hat und bei ihnen im Hause wohnt.

Im nächsten Jahr hätten sie goldene Hochzeit, aber die Ärzte haben gesagt, es gibt keine Hoffnung mehr.

S hat Frau Winter einmal am Krankenbett ihres Mannes getroffen, sich dann aber bald zurückgezogen, jetzt trifft S Frau Winter auf dem Flur zur Intensivstation und wird von Frau Winter angesprochen:
„Eigentlich hat sich nichts geändert. Aber die Ärzte haben gesagt, es gibt keine Hoffnung mehr. Mein Mann aber hat immer noch Mut und will leben."

M

Zeit seines Lebens hat sich Herr Winter um alles „gekümmert": um seine Eltern, die nun schon einige Jahre verstorben sind; um seine alkoholkranke Frau, die jetzt unheilbar an Lungenkrebs erkrankt ist und auf der Intensivstation beatmet wird; um den einzigen Sohn, der seit dem 18. Lebensjahr (jetzt 39 J.) psychisch krank ist; um seinen Bruder, der auch Krebs hat und bei ihnen im Hause wohnt.

Im nächsten Jahr hätten sie goldene Hochzeit, aber die Ärzte haben gesagt, es gibt keine Hoffnung mehr.

S hat Herrn Winter einmal am Krankenbett seiner Frau getroffen, sich dann aber bald zurückgezogen, jetzt trifft S Herrn Winter auf dem Flur zur Intensivstation und wird von Herrn Winter angesprochen:
„Eigentlich hat sich nichts geändert. Aber die Ärzte haben gesagt, es gibt keine Hoffnung mehr. Meine Frau aber hat immer noch Mut und will leben."

✳✳✳✳

F

Anruf von Frau Dahl; sie sagt den vereinbarten Fototermin ab. Frau Dahl macht in jedem Jahr das Gruppenfoto der Konfirmandengruppe.

„Ich muss leider den Termin absagen, es geht einfach nicht: Ich muss mich erstmal erholen. Ich hatte eine Lungenentzündung mit schweren Fieberschüben. Dabei hatte ich schreckliche Fantasien, richtige Horrorfantasien: die ganze Familie kracht zusammen. Alles fliegt auseinander …"

M
Anruf von Herrn Dahl; er sagt den vereinbarten Fototermin ab. Herr
Dahl macht in jedem Jahr das Gruppenfoto der Konfirmandengruppe.

„Ich muss leider den Termin absagen, es geht einfach nicht: Ich
muss mich erstmal erholen. Ich hatte eine Lungenentzündung mit
schweren Fieberschüben. Dabei hatte ich schreckliche Fantasien,
richtige Horrorfantasien: die ganze Familie kracht zusammen. Alles
fliegt auseinander …"

2.2 hoffen

Hoffen prägt die Atmosphäre in Kurzgesprächen. Die ratsuchende Person hofft auf eine im Verlauf des Gesprächs konkret sich zeigende Veränderungsmöglichkeit ihrer Lebensumstände.

Der Hoffnungsimpuls geht über den aktuellen Anlass hinaus und weitet den Horizont auf wieder gelingendes Menschsein aus.

Dieses Kapitel will dazu anleiten, die Hoffnungssignale der ratsuchenden Person wahrzunehmen, den Hoffnungsimpuls zu bewahren und zu beleben.

Lohse, Kurzgespräch, 55ff[9]

2.2.1 Hoffnungssignale wahrnehmen

Das Element der Hoffnung wird durch die „Äußerungen" der ratsuchenden Person eingetragen, meist sehr behutsam, eher verdeckt und zurückhaltend, gelegentlich jedoch auch ganz offen und direkt, so dass die beratende Person zurückschreckt vor so viel Hoffnungserwartung.

Mimik, Gestik, Haltung und Stimmlage sind nonverbale, aber beredte Zeugen der Hoffnungssehnsucht:

Ein Mensch, der auf etwas hofft, erhebt, senkt, schüttelt sein Haupt oder nickt mit ihm.
Offene Augen sind der Spiegel einer Seele, die hofft, Neues in den Blick zu bekommen.
Hände sprechen ihre eigene Sprache, öffnen sich und greifen nach erhofften Möglichkeiten.
Ein Mensch richtet sich auf und stellt seine Füße fest auf den Grund, wenn er zu eigener Würde findet.

---

9 Kap. 1.4, 41ff.

Im Ton des Sprechens erklingt die Musik der Hoffnung. Gegenteilige nonverbale Äußerungen unterstreichen umso mehr, wie sehr der Mensch hofft, aus seiner hoffnungslosen Lage herauszukommen.

Eingeschobene Redewendungen, scheinbar unbedacht in den Redefluss geraten, werden zu Fingerzeigen auf das, worauf die ratsuchende Person hofft:

„Hoffentlich wird mir das gelingen …"
„Ausziehen will ich eigentlich nicht …"
„Meine Frau will ich natürlich mitnehmen …"
„Vermutlich habe ich etwas übersehen …"
„Das ist sicherlich nicht einfach …"
„Ich kümmere mich um meine Mutter, soweit mir das möglich ist …"
„Ich mache das, sobald ich die Zeit dazu habe …"

Hoffnung mutiert durchaus auch in eine *Erwartungshaltung,* mit der die beratende Person sich konfrontiert sieht:

„Ich muss mal mit jemandem reden."
„Ich brauche unbedingt Ihren Rat."
„Haben Sie mal Zeit für mich?"
„Sie sind doch mein/e Seelsorger/in."
„Wenn jetzt nicht ein Wunder geschieht …"
„Frau Pfarrerin/Herr Pfarrer, Sie kommen mir gerade recht."

○ wahrnehmen

verbal/nonverbal/
paraverbal

▶ Mimik, Gestik,
Haltung, Ton
▶ Redewendungen
▶ Erwartungen
(implizit/explizit)

2.2.2 Hoffnung bewahren

☺ Das Wahrnehmen der non- und paraverbalen Signale, die auf das Element Hoffnung deuten, bedarf eines geübten Auges und gespitzter Ohren, mehr noch einer guten Merk- und Kombinationsfähigkeit des Gehirns, das alle Wahrnehmungen bündelt und in einen Impuls zur Stärkung der Hoffnung der ratsuchenden Person umsetzt. Eine besondere Hirnleistung besteht darin, Signale der Hoffnungslosigkeit in Gedanken auf einen Positiv-Abzug[10] zu bringen, um das Ziel der Hoffnung zu erkennen.

Ein unmittelbares Feedback auf non- und paraverbale Äußerungen der ratsuchenden Person sollte äußerst behutsam (wenn überhaupt) gegeben werden, damit bei der ratsuchenden Person nicht das Gefühl des Beobachtet- und Gedeutet-Werdens entsteht.

Diese (unbedachten) Zeichen der Hoffnung bedürfen des wohlwollenden Schutzes der beratenden Person.

Eingeschobene Redewendungen lassen sich oft unmittelbar aufnehmen:

„Hoffentlich wird mir das gelingen …"
  „Welche Hoffnung wird sich damit für Sie erfüllen?"

„Ausziehen will ich eigentlich nicht …"
  „Was ist Ihnen denn eigen?"

„Meine Frau will ich natürlich mitnehmen …"
  „Was daran entspricht Ihrer Natur?"

„Vermutlich habe ich etwas übersehen …"
  „Was muten Sie sich zu, wenn Sie genau hinsehen?"

„Das ist sicherlich nicht einfach …"
  „Wie sicher und einfach sollte es sein?"

„Ich kümmere mich um meine Mutter, soweit mir das möglich ist …"
  „Welche Möglichkeiten möchten Sie noch ausschöpfen?"

„Ich mache das, sobald ich die Zeit dazu habe …"
  „Wie möchten Sie Ihre Zeitstruktur ändern?"

---

10 Vgl. Kap. 2.1.

Es ist den Versuch wert, an dem angebotenen Zipfel der Redewendung ein wenig zu zupfen.

Diese Zeichen der Hoffnung sind gut geeignet, das „Feuer" der Hoffnung zu entfachen.

Je unmittelbarer Erwartungshaltungen zurückgeführt werden auf nachvollziehbare Hoffnungen, desto geringer wird die Wahrscheinlichkeit, dass beide (ratsuchende und beratende) Personen frustriert werden:

„Ich muss mal mit jemandem reden."
    „Wer oder was zwingt Sie dazu?"

„Ich brauche unbedingt Ihren Rat."
    „Wie geht das ohne Bedingungen?"

„Haben Sie mal Zeit für mich."
    „Wieviel von meiner Zeit brauchen Sie für sich?"

„Sie sind doch mein/e Seelsorger/in."
    „Wozu möchten Sie mich ganz für sich als Seelsorger/in haben?"

„Wenn jetzt nicht ein Wunder geschieht ..."
    „Wer soll dieses Wunder vollbringen?"

„Frau Pfarrerin/Herr Pfarrer, Sie kommen mir gerade recht."
    „Was kann ich als Pfarrer/in für Sie recht machen?"

Diese Zeichen der Hoffnung sind sehr wohl brauchbar, nachdem sie entschlackt wurden.

☹ Durch die gedankliche Konzentration auf „das Problem" wird die Wahrnehmung für die non- und paraverbalen Äußerungen der ratsuchenden Person minimiert oder gänzlich unterdrückt.

Die beobachteten non- und paraverbalen Äußerungen werden unbekümmert eingebracht und verstärken die asymmetrische UP-DOWN-Achse.[11]

Eingeschobene Redewendungen werden überhört und übergangen.

Äußerungen, die ex- oder implizit Erwartungshaltungen beinhalten, werden stehen gelassen.

---

11 Vgl. Kap 1.2.

◉ Das Hoffen der ratsuchenden Person ist nicht mehr als ein „glimmender Docht"[12], dessen Glut geschützt, dessen Feuer wieder entfacht und dessen Nährboden entschlackt sein will.

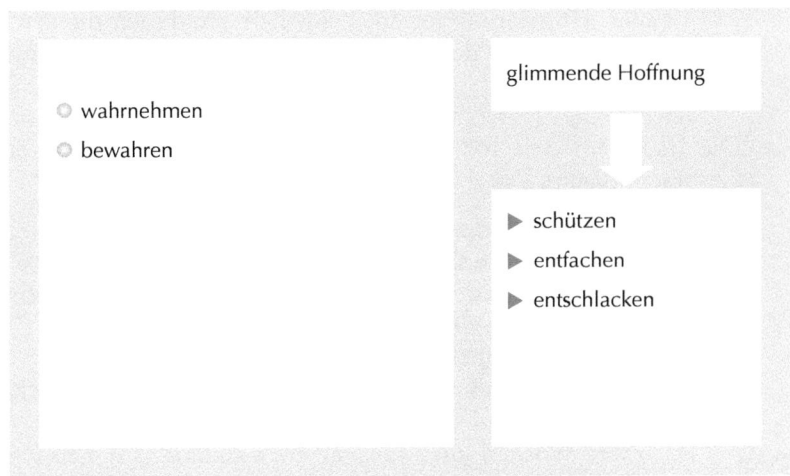

2.2.3 Hoffnung beleben

◉ Hoffen ist für die ratsuchende Person ein motivierender Kraftquell, um aus der Erstarrung wieder zu neuer Belebung zu finden.

Beispiele:

R: „Ich habe kaum noch Hoffnung, dass meine Frau zu mir zurückkommt."

S: „Was erhoffen Sie sich davon, dass Ihre Frau zu Ihnen zurückkommt?"

R: „Ich erhoffe mir, dass sie es sehen und merken kann, was ich alles geändert habe."

S: „Wenn Ihre Frau sieht und merkt, was Sie alles geändert haben, worin wird Sie das bestärken?"

R: „Das bestärkt mich darin, dass ich mich tatsächlich ändern kann."

S: „Wozu haben Sie die Stärke, sich zu ändern?"

R: „Ich kann erwachsen sein und brauche keine Mutter, die alles für mich tut."

---

12 Jesaja 42,3.

S: „Wie setzen Sie als erwachsener Mann Ihre Hoffnung auf die Rückkehr Ihrer Frau in die Tat um?"

R: „Das ist eine gute Frage. Darüber muss ich nachdenken. – Ich will die nächsten Wochen erst einmal allein leben und alles selbstständig regeln. Und dann werde ich meiner Frau nicht täglich in den Ohren liegen und darum betteln, dass sie zurückkommt."

Die Interventionen von S konzentrieren sich in dieser Phase des Gesprächs darauf, das „Hoffen" zu stärken.

R: „Vermutlich kann mir keiner helfen."

S: „Was muten Sie sich und andern denn zu?"

R: „Mir selbst mute ich kaum noch was zu. Das empfinden meine Freunde als Zumutung."

S: „Wonach ist Ihnen denn zumute?"

R: „Mal raus aus allem, was mich hier jeden Tag wieder einholt."

S: „Mal raus – und wohin?"

R: „Zwei Wochen mal ganz allein wandern, am liebsten im Schwarzwald."

S: „Woher nehmen Sie den Mut, das zu tun?"

R: „Viel Mut gehört nicht dazu. Ich muss es nur tun: Urlaub beantragen, ein paar Sachen zusammenpacken, meinem Nachbarn Bescheid sagen und ab!"

S: „Und worüber werden Sie vermutlich beim Wandern nachdenken?"

R: „Wie ich mein Leben Schritt für Schritt wieder in Ordnung bringe."

Die Interventionen von S konzentrieren sich in dieser Phase des Gesprächs darauf, zu ermutigen.

R: „Ich trau mir eigentlich nichts richtig zu."

S: „Welcher Eigenart von Ihnen trauen Sie noch?"

R: „Meine eigentliche Stärke liegt in der Art und Weise, wie ich auf Menschen zugehe."

S: „Und welcher Eigenart trauen Sie noch?"[13]

R: „Dass man sich auf mich verlassen kann. Wenn ich etwas zusage, dann halte ich es auch ein."

S: „Und was trauen Sie sich noch zu?"

13 Vgl. Kap.2.7.

R: „Ich traue mir oft nicht zu, ‚nein' zu sagen, z.B. wenn es nicht in meinen Zeitplan passt und jemand was mit mir unternehmen möchte. Da fehlt mir das Vertrauen, dass der andere mir wegen meiner Absage nicht böse ist."

S: „Wie werden Sie dieses mangelnde Vertrauen überwinden können?"

R: „Ich glaube, das sitzt ganz tief in mir. Das geht so einfach nicht. Vielleicht sollte ich mal eine Therapie machen. Aber irgendwie trau ich mich nicht, meinen Hausarzt zu bitten, mir eine Überweisung zu einem Psychotherapeuten zu geben."

S: „Wie ist es, wenn Sie sich dabei auf Ihre eigentliche Stärke besinnen, auf Menschen zugehen zu können?"

R: „Ja, Sie haben Recht. Mit meinem Hausarzt komme ich gut zurecht. Wenn ich dem das in meiner Art sage, dann wird das schon klappen."

Die Interventionen von S konzentrieren sich in dieser Phase des Gesprächs darauf, das „zutrauen" zu beleben.

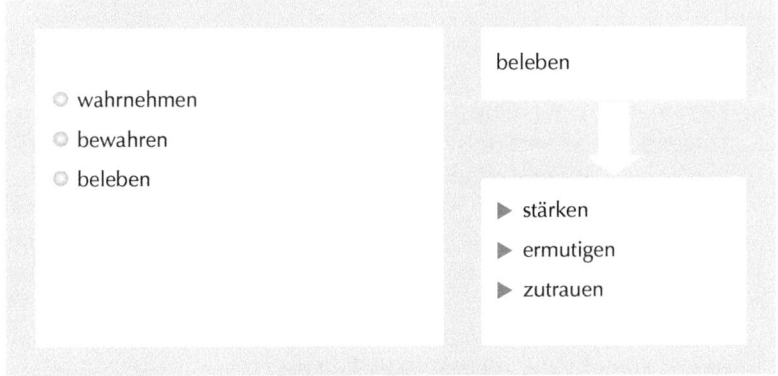

2.2.4 Zum Training

Erlebte Hoffnungsgeschichten mit den entscheidenden Beobachtungen und Wendungen hinsichtlich des Elements „hoffen" notieren.

Kollegiale Aussprache zum Thema: „hoffen":

Wie bringe ich Hoffnung zum Wachsen statt zu vertrösten?
Womit nähre ich Hoffnung statt abzuspeisen?
Wie nüchtern darf/muss Hoffnung sein und wie viel Traum/Vision gehört dazu?

◯ Training in Dreiergruppen

Trainingsanleitungen:

R spürt sofort, wenn ihre Hoffnungswünsche angesprochen werden, und lässt sich dann ganz darauf ein.

S achtet auf Hoffnungssignale und nimmt diese auf und „pflegt" sie.

✐ Beobachtungsaufgaben für C:

Welche „Signale der Hoffnung" (verbal, nonverbal, paraverbal) waren bei R wahrnehmbar?

Wie ging S mit diesen „Signalen der Hoffnung" um?

Welche Wirkung war bei R „abzulesen", wenn/als S sich ihrer „Hoffnung" annahm?

Spielanleitungen für R

F

Frau Ziemer (Mitte 40) erholt sich nur schwer nach einer Krebsoperation, die erfolgreich verlaufen ist. Im Krankenhaus trifft sie beim Herumgehen auf eine Mitpatientin, die sie in ein Gespräch verwickelt: beide setzen sich in eine Sitzgruppe auf dem Flur. Dort klagt Frau Ziemer ihr Leid:
Der Schwiegervater ist an allem Schuld, Schuld auch an meiner Krankheit. Der Schwiegervater ist pflegebedürftig, aber zugleich höchst anspruchlich; er lebt mit in ihrem Haushalt und lässt die Puppen tanzen:
„Er nimmt mir die Luft zum Atmen!" „Ich würde meinen Mann mit so einem Vater nicht wieder heiraten."

M

Herr Ziemer (Mitte 40) erholt sich nur schwer nach einer Krebsoperation, die erfolgreich verlaufen ist. Im Krankenhaus trifft er beim Herumgehen auf einen Mitpatienten, den er in ein Gespräch verwickelt: beide setzen sich in eine Sitzgruppe auf dem Flur. Dort klagt Herr Ziemer sein Leid:
Die Schwiegermutter ist an allem Schuld, Schuld auch an meiner Krankheit. Die Schwiegermutter ist pflegebedürftig, aber zugleich höchst anspruchlich; sie lebt mit in seinem Haushalt und lässt die Puppen tanzen:
„Sie nimmt mir die Luft zum Atmen!" „Ich würde meine Frau mit so einer Mutter nicht wieder heiraten."

✳✳✳✳

F

Frau Manthey (80 J.) liegt im Kreiskrankenhaus nach einem weiteren Schlaganfall, der ihr Stimme und Denken gelassen, jedoch so gelähmt hat, dass sie nicht in ihre Wohnung zurück kann.

Frau Manthey ist schon lange verwitwet, keine Kinder, aber sie hatte stets guten Kontakt zu ihrer Verwandtschaft, die sie auch immer mal wieder mit großzügigen Geschenken bedacht hat.

Jetzt hört sie von der Schwester, dass sie morgen um 10 Uhr in ein Altenheim verlegt werden soll und ist aufgebracht: Sie fühlt sich von den Verwandten schmählich im Stich gelassen!

S macht auf Bitten von Frau Manthey einen Besuch.

„Was soll man dazu sagen!"

M

Herr Manthey (80 J.) liegt im Kreiskrankenhaus nach einem weiteren Schlaganfall, der ihm Stimme und Denken gelassen, jedoch so gelähmt hat, dass er nicht in seine Wohnung zurück kann.

Herr Manthey ist schon lange verwitwet, keine Kinder, aber er hatte stets guten Kontakt zu seiner Verwandtschaft, die er auch immer mal wieder mit großzügigen Geschenken bedacht hat.

Jetzt hört er von der Schwester, dass er morgen um 10 Uhr in ein Altenheim verlegt werden soll und ist aufgebracht: Er fühlt sich von den Verwandten schmählich im Stich gelassen!

S macht auf Bitten von Herrn Manthey einen Besuch.

„Was soll man dazu sagen!"

✳✳✳✳

F

21 Jahre alt ist Mareike Schenk. Seit einer aus ihrem Freundeskreis tödlich verunfallt ist, hat ihr Leben an unbekümmerter Leichtigkeit verloren.

Wenn einmal im Monat zur Thomas-Messe im Dom eingeladen wird, geht sie gern hin. Heute erzählt ein Mann, wie er seinen Freund bis zum Tod begleitet hat.

Mareike denkt an Kevin: der hat von seinem Tod nichts gewusst, ganz plötzlich ist er gestorben. *„Wie kann man damit umgehen, wenn man es nicht weiß und einer stirbt – plötzlich?"*

Mit dieser Frage in sich geht sie zu S in die Seelsorgeecke der Thomas-Messe.

M

21 Jahre alt ist Martin Schenk. Seit einer aus seinem Freundeskreis tödlich verunfallt ist, hat sein Leben an unbekümmerter Leichtigkeit verloren.

Wenn einmal im Monat zur Thomas-Messe im Dom eingeladen wird, geht er gern hin. Heute erzählt ein Mann, wie er seinen Freund bis zum Tod begleitet hat.

Martin denkt an Kevin: der hat von seinem Tod nichts gewusst, ganz plötzlich ist er gestorben. *„Wie kann man damit umgehen, wenn man es nicht weiß und einer stirbt – plötzlich?"*

Mit dieser Frage in sich geht er zu S in die Seelsorgeecke der Thomas-Messe.

✳✳✳✳

F

Frau Gärtner ist wegen dauernden Kopfschmerzes zunächst auf der internistischen, dann auf der neurologischen Station zur Diagnose und Behandlung, 33 Jahre alt, verheiratet, ein Kind, berufstätig.

Frau Gärtner hat den Hinweis auf die Sprechstunde im Krankenhauspfarramt gelesen und geht zum nächsten Termin hin, kommt auch gleich dran. Langes Drucksen. Weiß nicht so recht, wo und wie anfangen, denkt ja viel über sich nach, versucht herauszufinden, woran das alles liegt, bildet sich eigene Hypothesen: *„Ich will immer ausgleichen"* – das geht ihr seit Tagen durch den Kopf.

M

Herr Gärtner ist wegen dauernden Kopfschmerzes zunächst auf der internistischen, dann auf der neurologischen Station zur Diagnose und Behandlung, 33 Jahre alt, verheiratet, ein Kind, berufstätig.

Herr Gärtner hat den Hinweis auf die Sprechstunde im Krankenhauspfarramt gelesen und geht zum nächsten Termin hin, kommt auch gleich dran. Langes Drucksen. Weiß nicht so recht, wo und wie anfangen, denkt ja viel über sich nach, versucht herauszufinden, woran das alles liegt, bildet sich eigene Hypothesen: *„Ich will immer ausgleichen"* – das geht ihm seit Tagen durch den Kopf.

2.3 aufschlüsseln

Das Aufschlüsseln von Mitteilungen aus der Tiefenstruktur auf der Oberflächenstruktur der Sprache mittels eines Schlüsselwortes der ratsuchenden Person wirkt wie ein Zaubertrick.

Das Schlüsselwort stammt aus dem sprachlichen Ausdruck der ratsuchenden Person und muss, wenn es wirken soll, wortwörtlich übernommen werden.

Dieses Kapitel will dazu anleiten, auf ein mögliches Schlüsselwort der ratsuchenden Person zu achten und dieses zum Aufschlüsseln ihrer Tiefenstruktur einzusetzen.

Lohse, Kurzgespräch, 45ff [14]

2.3.1 Finden des Schlüsselwortes

Das Schlüsselwort zu finden, ist eine besondere Herausforderung.

Wie im Märchen von Ali Baba und den vierzig Räubern[15] bedarf es des Beziehens einer „Metaebene" (Ali sitzt auf dem Baum und betrachtet aus der Distanz das Geschehen.).

Hinzu kommt, dass der gewohnte Blick auf Signale, die zu einer Problemdefinition genutzt werden können, unterlassen wird, und die Aufmerksamkeit sich auf ein Wort konzentriert, das zur Erschließung des „Tiefenanliegens" der ratsuchenden Person dienlich ist.

Das Schlüsselwort fällt *gleich zu Beginn* des Gesprächs im einleitenden Satz und scheint auf den ersten Blick in keinem Zusammenhang mit dem „Problem" zu stehen.

14 Kap. 1.5, 47ff.
15 Vgl. Lohse, Kurzgespräch, 45.

Beispiel:

„Also, ich will Ihnen nur *schnell* mal was erzählen:
Gestern treffe ich auf der Straße nach langer, langer Zeit einen
früheren Klassenkameraden, den ich schon ewig nicht mehr
gesehen habe. Ich wusste überhaupt nicht, dass der noch hier
wohnt. Früher, da waren wir eigentlich ganz gute Freunde. Als
wir zur Schule gingen, haben wir viel gemeinsam unternommen.
Auch als wir die ersten Freundinnen hatten, haben wir alles miteinander durchgekakelt. Aber dann, mit dem Studium, nein d.h.
er ging zur Bundeswehr, und ich machte Zivildienst und dann
erst kam das Studium. Aber da trennten sich unsere Wege – einfach so: kein Streit, kein Abschied, kein nichts."

„Wie *schnell* so was geht –"

◉ Das Schlüsselwort wird im Verlauf der Problemschilderung *mehrfach wiederholt* und fällt dadurch auf wie die „weißen Elefanten" im
Gedicht von Rilke[16].

Beispiel:

„Es ist wie *verhext:* Wenn ich mir mal vornehme, ins Kino zu
gehen oder ins Theater oder ins Konzert oder einfach nur mal
Essen mit meiner Frau – immer kommt etwas dazwischen. Ich
weiß nicht, wie lang das schon geht; es ist wie *verhext.* Da hatten
wir für Sonnabend Karten für „Rigoletto", anschließend einen
Tisch im Theaterrestaurant reserviert, kommt am Nachmittag
ein Anruf aus H.: der Vater meiner Frau liegt mit einem Schlaganfall in der Klinik. Natürlich haben wir alles abgesagt und sind
nach H. gefahren, keine Frage. Und doch: irgendwie *verhext.*
Denn das ist nicht das erste Mal: Es fing, glaub ich, an, als wir
2000 zum Neujahrskonzert nach Wien fahren wollten. Kurz
davor verunglückten meine Eltern schwer. Und dann ..."

„Was ist das für Sie: ‚*verhexen*'?"

◉ Das Schlüsselwort fällt in der Schlussbemerkung gleichsam *als Kommentar.*

---

16 Vgl. Lohse, Kurzgespräch, 7.

Beispiel:

Nach einer langen detaillierten Schilderung einer anfangs liebe-
vollen, dann zunehmend „clinchigen" Beziehung endet die Studentin mit dem Satz: „Das ist nun das Ende vom *Lied.*"

„Wie wird solch ein *Lied* komponiert?"

◉ Auf der Suche nach dem Schlüsselwort muss die beratende Person
sich von der Problemschilderung und von dem Bemühen, den „Kern
des Problems" zu erfassen, distanzieren und sich ganz auf die Wahrnehmung der übrigen Signale auf der Oberflächenstruktur der
Sprache konzentrieren, um den Schlüssel zu finden, der in die Tiefe
führt.

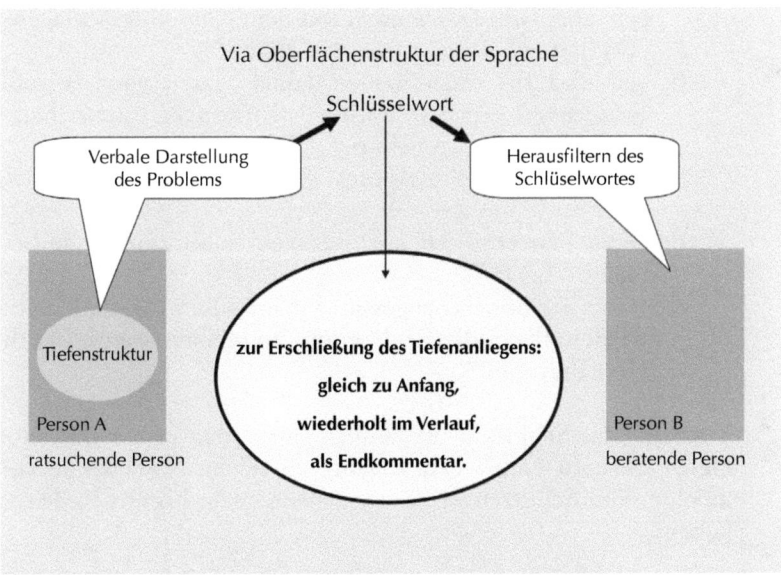

2.3.2 Einsetzen des Schlüsselwortes

◉ Mit dem Zauberwort erschließt Ali Baba sich den Berg, in dem die
Schätze verborgen liegen. Mit dem Schlüsselwort erschließt die beratende Person den Problemberg der ratsuchenden Person und gelangt
an ihr „tiefes" Anliegen. Die Eröffnung des Tiefenanliegens führt die
ratsuchende Person an die in ihr verborgenen „Schätze", mit denen
sie ihr Leben (und damit auch das geschilderte „Problem") ganz
anders gestalten kann.

☺   Beispiel:

Herr Bertram trifft S auf der Straße und als S sich nach seinem Befinden erkundigt, beginnt Herr Bertram zu erzählen:

B: „Sie wissen ja, Frau …, ich werde in diesem Jahr noch 70. So gesehen fühle ich mich noch ganz gut beieinander, aber in der Firma, da will ich dann aufhören. Ja, da staunen Sie. Ich hab da immer noch regelmäßig ausgeholfen. Keine schweren körperlichen Arbeiten. Aber es gibt ja in so'm Betrieb genug zu tun. Und sei es, Post abholen und wegbringen. Aber mein Bein macht mir doch zu schaffen. Ich bin ja mal schwer verunfallt. Als Fußgänger. Man glaubt's nicht. Von hinten: ein Radfahrer. Und ich stürze so unglücklich, dass ich mir den Oberschenkel und die Hüfte breche. Dabei bin ich noch auf den Fahrdamm gestürzt. Ich bin richtig durch die Luft geflogen, aber zum *Glück* nicht mit dem Kopf aufgeschlagen."

S: „Da hatten Sie aber mehr als *Glück* –"

B: „Ja, und für mich hat es damals einen ganz besonderen *Schutzengel* gegeben, da bin ich mir aber ganz sicher. Und der ist immer noch bei mir."

S: „Ihr *Schutzengel* als guter Wegbegleiter – auch in Ihrem Alter."

B: „Frau Pfarrerin, ich möchte, dass er bis zum Ende bei mir bleibt."

S: „*Gott* hat uns das zugesagt: bis ins Alter, bis die Haare grau werden, bis in den Tod bei uns zu bleiben – auch bei Ihnen, Herr Bertram."

S nimmt das Schlüsselwort „Glück" auf, passt es ein und eröffnet Herrn Bertram damit den Zugang zu seinem Tiefenanliegen: Ich möchte vom Schutzengel (Gott) begleitet sein bis ans Ende meines Lebens.

☹   Es geht nicht darum, für die Problemgeschichte ein eigenes Deutewort zu erfinden und dieses als Schlüsselwort anzubieten:

Abschied
überflüssig
Stehaufmännchen
oder ähnliches.

2.3.3 Zum Training

✎ Mindestens *eine* gehörte Problemschilderung aufschreiben, und zwar so ausführlich und genau, wie sie in der Erinnerung noch haftet.

Mit einem Farbstift die Wörter markieren, die nicht unbedingt zum Erfassen des Problembergs vonnöten sind.

Für sich überlegen, welches dieser Wörter als Schlüsselwort einsetzbar ist und wie.

💬 Eine Person der Dreiergruppe trägt in der Ichform ihre Problemschilderung vor, die beiden anderen notieren sich mögliche Schlüsselwörter und wenden diese probeweise an.

Die vortragende Person kann mühelos entscheiden, welches Schlüsselwort ihr Tiefenanliegen erschließen würde.

△ Training in Dreiergruppen

Trainingsanleitungen:

R merkt sofort, wenn S ein passendes Schlüsselwort anbietet und lässt sich dann „aufschließen".

S überlegt mit viel Zeit, welches Schlüsselwort S ausprobieren möchte, wartet auf die Wirkung und entscheidet sich, ob S ein neues, anderes Schlüsselwort nehmen möchte oder sich von C eines reichen lässt.

✎ Beobachtungsaufgaben für C:

Welches Schlüsselwort hat S wahr- und aufgenommen?
Was wurde mit dem Schlüsselwort erschlossen: mehr vom Problem oder Öffnen der Tiefe?
Eigene „Schlüsselwörter" notieren.

Spielanleitungen für R

F
Frau Malers Mutter ist vor vier Wochen im Alter von 81 Jahren gestorben.

Vor knapp einem Vierteljahr war Frau Malers Mutter gestürzt, hatte sich den Beckenknochen und den Oberschenkelhals gebrochen; nach dem Klinikaufenthalt war sie nicht in ihre Wohnung zurückgekehrt. Ihre Söhne hatten sie in einem Pflegeheim der

Nachbarstadt, in der diese mit ihren Familien lebten, untergebracht. Frau Maler konnte sich gegen ihre Brüder nicht durchsetzen. Bis zu diesem Zeitpunkt hat die/der Gemeindepastor/in (S) sie etwa zweimal im Jahr besucht; Mutter Maler war auch mindestens einmal im Monat im Gottesdienst. Die Trauerfeier zur Einäscherung hat in der Nachbarstadt stattgefunden und wurde von der/m dortigen S gehalten. Die Urnenbeisetzung auf dem hiesigen Friedhof fand in aller Stille statt, also auch ohne S.

Frau Maler begegnet S auf der Straße auf dem Weg zur Bank; S auf dem Weg zu einem Gemeindebesuch.

S: Guten Tag, Frau Maler!

M: *Guten Tag, Frau/Herr S!*
Ich hab ein bisschen ein schlechtes Gewissen. Aber da kann man nichts machen. Ich meine, ich hätte Ihnen das sagen sollen, wie das mit der Beerdigung von Mutter war. Wir haben Sie da völlig übergangen. Aber meine Brüder wollten das so. Da kann man nichts machen. Nachdem meine Brüder unsere Mutter zu sich nach H. geholt haben, konnte ich nichts mehr machen. Alles haben sie geregelt. Auch die Trauerfeier und die Urnenbeisetzung.

M

Herrn Malers Mutter ist vor vier Wochen im Alter von 81 Jahren gestorben.

Vor knapp einem Vierteljahr war Herrn Malers Mutter gestürzt, hatte sich den Beckenknochen und den Oberschenkelhals gebrochen; nach dem Klinikaufenthalt war sie nicht in ihre Wohnung zurückgekehrt. Ihre Töchter hatten sie in einem Pflegeheim der Nachbarstadt, in der diese mit ihren Familien lebten, untergebracht. Herr Maler konnte sich gegen seine Schwestern nicht durchsetzen. Bis zu diesem Zeitpunkt hat die/der Gemeindepastor/in (S) sie etwa zweimal im Jahr besucht; Frau Maler war auch mindestens einmal im Monat im Gottesdienst. Die Trauerfeier zur Einäscherung hat in der Nachbarstadt stattgefunden und wurde von dem dortigen S gehalten. Die Urnenbeisetzung auf dem hiesigen Friedhof fand in aller Stille statt, also auch ohne S.

Herr Maler begegnet S auf der Straße auf dem Weg zur Bank; S auf dem Weg zu einem Gemeindebesuch.

S. : Guten Tag, Herr Maler!

M.: *Guten Tag, Frau/Herr …!!*
Ich hab ein bisschen ein schlechtes Gewissen. Aber da kann man nichts machen. Ich meine, ich hätte Ihnen das sagen sollen, wie das mit der Beerdigung von Mutter war. Wir haben Sie da völlig übergangen. Aber meine Schwestern wollten das so. Da kann man nichts machen. Nachdem meine Schwestern unsere Mutter zu sich

nach H. geholt haben, konnte ich nichts mehr machen. Alles haben sie geregelt. Auch die Trauerfeier und die Urnenbeisetzung.

✳✳✳✳

F

Frau Castorff (44) hat zwei Kinder: Anne (17) und Jan (9). Jan ist ihr Sorgenkind: eigentlich ein intelligenter Bursche, aber in Stresssituationen neigt er zu blödsinnigen „Faselfehlern" – in Mathearbeiten z.B., auch im Leistungssport (Jiu-Jitsu). Damals, als „er kam", war das noch einmal wie ein Neuanfang zwischen ihr und ihrem Mann, aber das währte nicht lange. Die Eheleute haben sich schon lange nichts mehr zu sagen und zu geben. Frau Castorff kümmert sich um die Kinder, die Wohnung, die Parzelle, gelegentlich hilft sie in einem Schuhgeschäft aus (bloß um mal raus zu sein). Am liebsten möchte sie die Scheidung, aber: Reicht das Geld? Werd ich das schaffen?

Frau Castorff hat sich bei S zu einem vertraulichen Gespräch angemeldet.

„Sie sind doch zur Verschwiegenheit verpflichtet, nicht? Ich muss mich mal aussprechen, aber das darf niemand erfahren …"

M

Herr Castorff (44) hat zwei Kinder: Anne (17) und Jan (9). Jan ist sein Sorgenkind: eigentlich ein intelligenter Bursche, aber in Stresssituationen neigt er zu blödsinnigen „Faselfehlern" – in Mathearbeiten z.B., auch im Leistungssport (Jiu-Jitsu). Damals, als „er kam", war das noch einmal wie ein Neuanfang zwischen ihm und seiner Frau, aber das währte nicht lange. Die Eheleute haben sich schon lange nichts mehr zu sagen und zu geben. Herr Castorff kümmert sich – so gut er kann – um die Kinder, die Wohnung, die Parzelle, gelegentlich hilft er in der Gemeinde aus (bloß um mal raus zu sein). Am liebsten möchte er die Scheidung, aber: Reicht das Geld? Werd ich das schaffen?

Herr Castorff hat sich bei S zu einem vertraulichen Gespräch angemeldet.

„Sie sind doch zur Verschwiegenheit verpflichtet, nicht? Ich muss mich mal aussprechen, aber das darf niemand erfahren …"

✳✳✳✳

F

Auf einem Gartenfest anlässlich eines „runden Geburtstages" trifft sich die Nachbarschaft. Unter den Nachbarn eine alleinstehende Kauffrau (Nordmann), die im Zuge eines Insolvenzverfahrens ihrer Elektrogerätefirma auf Grund ihres Alters (56 Jahre) in den Vorruhestand „abgewickelt" wurde, natürlich mit entsprechender „Abfindung". Unter den Nachbarn auch S, die/der in dieser Straße wohnt, die nicht zu ihrer/seiner Gemeinde gehört. Die Nachbarn duzen sich, auch S, die/der nur gelegentlich in ihrer/seiner „pastörlichen" Kompetenz von den Nachbarn in Anspruch genommen wird – ansonsten Nachbar unter Nachbarn ist. Nachdem die Gesellschaft sich schon in kleinere Grüppchen geteilt und „verlaufen" hat, wendet sich Frau Nordmann an S:

„Hast du mal 'nen Augenblick Zeit? –
Du weißt ja, ich bin im Vorruhestand. Hab 'ne dicke Abfindung bekommen. Das Übergangsgeld stimmt auch. Das ist alles okay. Aber: Ich halt das nicht aus, den ganzen Tag nichts tun. Sitzen, lesen, 'mal was am Haus machen, Fitness-Center, hier 'mal 'ne Radtour, da 'mal 'nen Spaziergang. Aber eigentlich: nichts tun. In'n Sessel hocken, Hände in'n Schoß und Schluss! ..."

M

Auf einem Gartenfest anlässlich eines „runden Geburtstages" trifft sich die Nachbarschaft. Unter den Nachbarn ein Ingenieur (Nordmann), der im Zuge eines Insolvenzverfahrens seiner Elektrogerätefirma auf Grund seines Alters (56 Jahre) in den Vorruhestand „abgewickelt" wurde, natürlich mit entsprechender „Abfindung". Unter den Nachbarn auch S, die/der in dieser Straße wohnt, die nicht zu ihrer/seiner Gemeinde gehört. Die Nachbarn duzen sich, auch S, die/der nur gelegentlich in ihrer/seiner „pastörlichen" Kompetenz von den Nachbarn in Anspruch genommen wird – ansonsten Nachbar unter Nachbarn ist. Nachdem die Gesellschaft sich schon in kleinere Grüppchen geteilt und „verlaufen" hat, wendet sich Herr Nordmann an S:

„Hast du mal 'nen Augenblick Zeit? –
Du weißt ja, ich bin im Vorruhestand. Hab 'ne dicke Abfindung bekommen. Das Übergangsgeld stimmt auch. Das ist alles okay. Aber: Ich halt das nicht aus, den ganzen Tag nichts tun. Sitzen, lesen, 'mal was am Haus machen, Fitness-Center, hier 'mal 'ne Radtour, da 'mal 'nen Spaziergang. Aber eigentlich: nichts tun. In'n Sessel hocken, Hände in'n Schoß und Schluss! ..."

✳✳✳✳

F

Das Ehepaar Dreher hat erst im vorgerückten Ehe- und Lebensalter (Frau D. 39 J., Herr D. 43 J.) einen Sohn bekommen. Der Sohn Klaus studiert im 7. Semester Betriebswirtschaft, ohne sich im Studium wirklich zurechtzufinden, jetzt möchte er „alles hinschmeißen".

Das Ehepaar Dreher gehört zum festen Stamm der sonntäglichen Gottesdienstbesucher; beide wirken im Team des ‚Sonntagscafés' – einer Gesprächsrunde bei Tee, Kaffee und Gebäck im Anschluss an den Gottesdienst.

Eine 3/4 Stunde vor Gottesdienstbeginn trifft Frau Dreher bei der Vorbereitung des ‚Sonntagscafés' die/den Gemeindepastor, die/der noch einige Kopien für den Gottesdienst im Gemeindebüro ziehen will.

„Darf ich Sie kurz mal ansprechen. Sie haben doch dienstags eine offene Sprechstunde. Da darf doch jeder kommen, nicht? Wir würden gern unsern Sohn mal zu Ihnen schicken. Der macht uns große Sorgen. Der möchte alles hinschmeißen …".

M

Das Ehepaar Dreher hat erst im vorgerückten Ehe- und Lebensalter (Frau D. 39 J., Herr D. 43 J.) einen Sohn bekommen. Der Sohn Klaus studiert im 7. Semester Betriebswirtschaft, ohne sich im Studium wirklich zurechtzufinden, jetzt möchte er „alles hinschmeißen".

Das Ehepaar Dreher gehört zum festen Stamm der sonntäglichen Gottesdienstbesucher; beide wirken im Team des ‚Sonntagscafés' – einer Gesprächsrunde bei Tee, Kaffee und Gebäck im Anschluss an den Gottesdienst.

Eine 3/4 Stunde vor Gottesdienstbeginn trifft Herr Dreher bei der Vorbereitung des ‚Sonntagscafés' den Gemeindepastor, der noch einige Kopien für den Gottesdienst im Gemeindebüro ziehen will.

„Darf ich Sie kurz mal ansprechen. Sie haben doch dienstags eine offene Sprechstunde. Da darf doch jeder kommen, nicht? Wir würden gern unsern Sohn mal zu Ihnen schicken. Der macht uns große Sorgen. Der möchte alles hinschmeißen …".

2.4 sich ausdrücken

Sich ausdrücken ist das Bemühen des Menschen, aus der Tiefe seiner Erlebnisse und Erkenntnisse etwas zur Sprache zu bringen. Auf der Oberfläche der Sprache kann nur ein sehr geringer Anteil des Tiefenerlebens ausgedrückt werden.

Auf der Oberfläche der Sprache verweisen bestimmte Merkmale auf das Tiefenerleben, das sich ausdrücken möchte.

Dieses Kapitel will dazu anleiten, die persönlich geprägten Merkmale der Oberflächenstruktur der ratsuchenden Person zu erkennen und diese als Zugang zu ihrer Tiefenstruktur zu nutzen.

Lohse, Kurzgespräch, 68ff [17]

Bandler/Grinder, Metasprache [18]

2.4.1 sich ausdrücken – sich verstehen

Die Verständigung setzt einen geschichtlich gewachsenen und sich verändernden Konsens über eine (letztlich) willkürliche Laut- und Buchstabenkombination als „Sprache" voraus. Diese „Sprache" ist für jede Person mit persönlicher Lebens- und Lernerfahrung codiert, die jeder außenstehenden Person nicht unmittelbar zugänglich ist, sondern immer erst erkundet werden muss.

👁 Wenn zwei Personen dasselbe Wort benutzen, meinen sie im besten Fall etwas Ähnliches, oft jedoch auch etwas Unterschiedliches.

Beispiel:

„Ich liebe dich."
　„Ich brauche dich." – „Ich will Sex mit dir haben."

17　Kap. 2.2, 63ff.
18　Bandler, Richard/Grinder, John, Die Struktur der Magie, Metasprache und Psychotherapie, Paderborn 1994.

„Der Abschied fällt mir nicht leicht."
„Ich traue mir allein wenig zu." – „Ich lasse dich ungern allein."

„Es gibt da ein großes Problem."
„Ich brauche Hilfe." – „Ich fühle mich herausgefordert."

☺ Wer in seiner Grundhaltung neugierig ist und sein Gegenüber (in der Tiefenstruktur) kennen lernen möchte, wird sich sprachlich behutsam an die ratsuchende Person herantasten.

☹ Die Grundhaltung ist bestimmt von der Überzeugung: „Ich weiß schon, was du mir sagen willst. Ich brauche nur noch die Antwort auf ein paar Fragen von mir, dann weiß ich, wie ich dich einzuordnen habe."

👁 Im Wechselspiel zwischen persönlicher Tiefenstruktur und der Verständigung auf der Oberflächenstruktur der Sprache ereignet sich das Drama des „Sich-Ausdrückens" und „Sich-Verstehens".

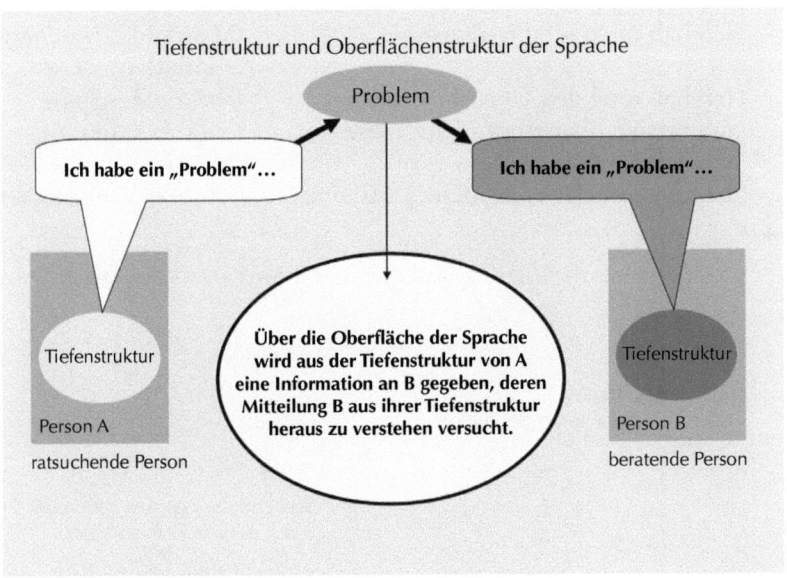

Tiefenstruktur und Oberflächenstruktur der Sprache

Problem

Ich habe ein „Problem"...

Ich habe ein „Problem"...

Über die Oberfläche der Sprache wird aus der Tiefenstruktur von A eine Information an B gegeben, deren Mitteilung B aus ihrer Tiefenstruktur heraus zu verstehen versucht.

Tiefenstruktur

Tiefenstruktur

Person A

Person B

ratsuchende Person

beratende Person

2.4.2 Wortfelder

Sich ausdrücken hat eine besondere persönliche Note. Neben dem unterschiedlich großen Sprachschatz, über den Menschen verfügen, richtet sich die Aufmerksamkeit im Kurzgespräch auf die Eigenart, dass jede Person eine Vorliebe für Nomina, Adjektive und Verben aus einem „Wortfeld" hat.

Die Fülle der Tiefenstruktur einer Person wird auf der Oberflächenstruktur bevorzugt in *einem* Wortfeld der Sinneswahrnehmung repräsentiert:

entweder im Wortfeld

– der inneren und äußeren Bewegung oder
– des sehenden Wahrnehmens oder
– des hörenden Wahrnehmens oder
– des riechenden Empfindens oder
– des schmeckenden Empfindens.

So lässt sich der in der Tiefenstruktur erlebte Zustand der Blockade (Begriff aus dem Wortfeld des Empfindens) auf unterschiedliche Weise in der Sprache präsentieren:

Ich hab mich total festgefahren.	(Wortfeld: innen/außen empfinden)
Ich hab total den Überblick verloren.	(Wortfeld: sehen)
Ich versteh überhaupt nichts mehr.	(Wortfeld: hören)
Ich hab die Nase voll.	(Wortfeld: riechen)
Ich muss mich mal so richtig auskotzen.	(Wortfeld: schmecken)

Persönliche Merkmale der sprachlichen Oberflächenstruktur

Wortfelder
(Repäsentationsebenen)

Wortfelder

Sprachliche Repräsentation der Tiefenstruktur über Wortfelder:

► der inneren/äußeren Bewegung;
► des Sehens;
► des Hörens;
► des Riechens;
► des Schmeckens.

☺ Die beratende Person achtet darauf, aus welchem Wortfeld die Nomina, Adjektive und Verben der ratsuchenden Person stammen, und benutzt bewusst Begriffe aus derselben Repräsentationsebene.

Beispiel:

> S wendet sich, nach der Verabschiedung eines Patienten Herrn B. zu, der im hinteren Bett liegt und der schlecht aussieht. Während des Abschiedsgesprächs mit seinem Bettnachbarn lag B abgewandt im Bett.
> S: Guten Tag, Sie haben es ja vielleicht schon *gehört,* ich *heiße* ... und bin evangelische/r S für dieses Haus.
> B: Nein, ich habe nicht *zugehört.*
> S: Entschuldigung, habe ich Sie jetzt *beim Schlafen gestört?*
> B: Nein, ich *dämmere* nur so vor mich hin.
> S: Es *scheint* Ihnen nicht so gut zu gehen?
> B: Na, *gucken* Sie mal, wie ich *aussehe!*
> (*Zeigt* mir seinen abgemagerten Arm).

S beginnt auf der auditiven Sprachebene (hören, heißen), B antwortet auf der gleichen Ebene. Dann wechselt S auf die kienästhetische (gestört), benutzt jedoch mit „Schlafen" auch einen Begriff aus dem visuellen Wortfeld. B äußert sich jetzt ebenfalls auf der visuellen Sprachebene (dämmere), und nun bleiben beide in diesem Wortfeld (scheint, gucken, zeigt).

Für das Sich-Verstehen ist es sehr hilfreich, wenn die beratende Person sich im Wortfeld der ratsuchenden Person ausdrückt.

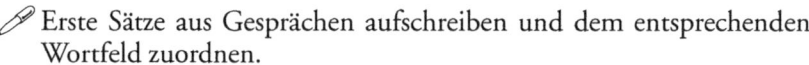 Erste Sätze aus Gesprächen aufschreiben und dem entsprechenden Wortfeld zuordnen.
  Anschließend die „Aussagen" in den anderen Wortfeldern formulieren.

2.4.3 Nominalisierungen

Zu den persönlichen Merkmalen der sprachlichen Oberflächenstruktur gehört auch die Verdichtung von erlebten Geschehensabläufen, die in der Tiefenstruktur in ihrer ausdifferenzierten Fächerung gespeichert sind: auf der Oberfläche der Sprache bleibt vom Gesamtgeschehen nur noch ein Nomen übrig.

👁 Die bei der Schilderung des Problems auftauchenden Nomina verbergen unter sich den Prozess, der als problematisch erlebt wurde. Diese Nomina in Verben zurückverwandelt offenbaren sehr genau, wie etwas geschehen ist, wie etwas erlebt, gehört, gesehen, empfunden, gerochen und geschmeckt wurde.

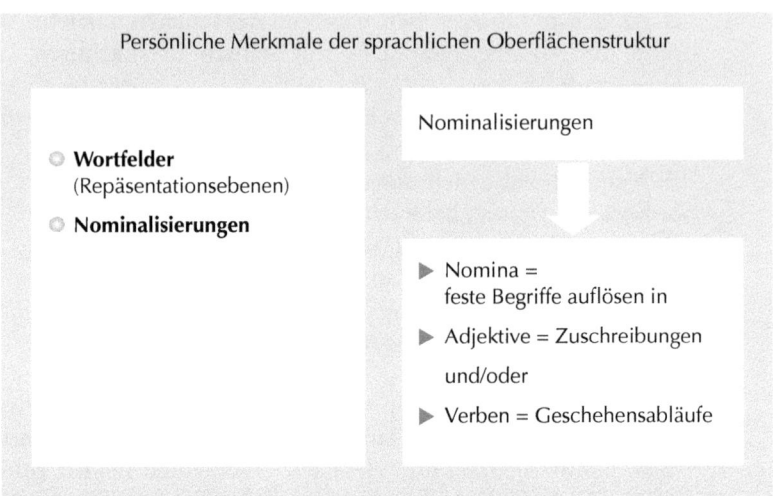

Persönliche Merkmale der sprachlichen Oberflächenstruktur

○ **Wortfelder**
(Repäsentationsebenen)

○ **Nominalisierungen**

Nominalisierungen

▶ Nomina =
feste Begriffe auflösen in

▶ Adjektive = Zuschreibungen

und/oder

▶ Verben = Geschehensabläufe

Alle Nomina lassen sich in Verben auflösen nach dem Muster:

Streit – was genau ist strittig zwischen Ihnen? –
worüber streiten Sie sich?
Ich bin an allem *Schuld* – wie werden Sie schuldig? –
wem schulden Sie was?
Mich quält die *Angst* – was macht Sie ängstlich –
wovor ängstigen Sie sich?

☺ Das Interesse der beratenden Person gilt dem Umwandeln von Nomina in Prozessverben. Denn so kommt die ratsuchende Person (wieder) in Kontakt mit ihrer Tiefenstruktur und findet eher zu neuen Lösungen als in der Welt festgeformter Begriffe.

Beispiel:

Eine Mitarbeiterin des Seniorenheims bittet S telefonisch um ein kurzes Gespräch. Sie kommt zum verabredeten Termin ins Büro von S.

M: Seit der Umstrukturierung, Sie wissen ja: die Insolvenz droht, fühle ich mich nicht mehr wohl im Haus. Das „*Christliche*" ist nirgends mehr spürbar, eher im Gegenteil. Nur noch *Mobbing,* besonders unter den Kolleginnen. Mein *Tempo* passt ihnen nicht. Man hat mir jemanden vor die Nase gesetzt. Die hat keine Ahnung von meiner bisherigen Arbeit. Keine Frage nach meinen Ideen, einfach alles nach ihrem Schema. Ich bin nach der Pause nach Hause – bis oben hin voll *Ärger* ...

Die kursiv gesetzten Nomina lassen sich umwandeln in:

Das Christliche – christlich – christlich glauben
Mobbing – gemobbt – mobben
Tempo – schnell/langsam – arbeiten+
Ärger – ärgerlich – sich ärgern.

Die beratende Person wird sich für eine „verbale" Intervention entscheiden und erfahren, was sich in der Tiefe bei der ratsuchenden Person rührt.

Eine mögliche (nicht die einzige oder richtige): *Wie arbeiten Sie „christlich"?*

✎ Formulierungen im Nominalstil aus vergangenen Gesprächen notieren. Auflösungen schriftlich festhalten.

2.4.4 Auslassungen

Wie stark die Oberflächensprache die Tiefenstruktur verkürzt, wird besonders daran deutlich, wenn Sätze nicht zuende gesprochen werden, wenn für das Verstehen notwendige Bezüge nicht hergestellt werden und wenn bei Vergleichen die zweite Hälfte fehlt.

👁 Es ist für die beratende Person eine leichte und einfache Intervention, die ratsuchende Person einzuladen, die Auslassung oder Tilgung in ihrer Aussage zu ergänzen.

Beispiele:

„Ich hab' solche Angst."
   – Es bleibt verborgen, wovor oder warum die Person Angst hat: „Wovor ängstigen Sie sich?"

„Ich fühle mich der Tradition verbunden."
   – Erst wenn ausgesprochen wird, „welcher" Tradition sich die Person verbunden fühlt, wird ein Verstehen möglich: „Welcher Tradition fühlen Sie sich verbunden?"

„Das ist ja alles noch viel schlimmer."
  – Wenn gesagt wird: …schlimmer, als ich es mir gedacht
  habe, also der Vergleich vollständig artikuliert wird,
  kann ein weiterer kommunikativer Anschluss sinnvoll
  gelingen: „schlimmer als?"

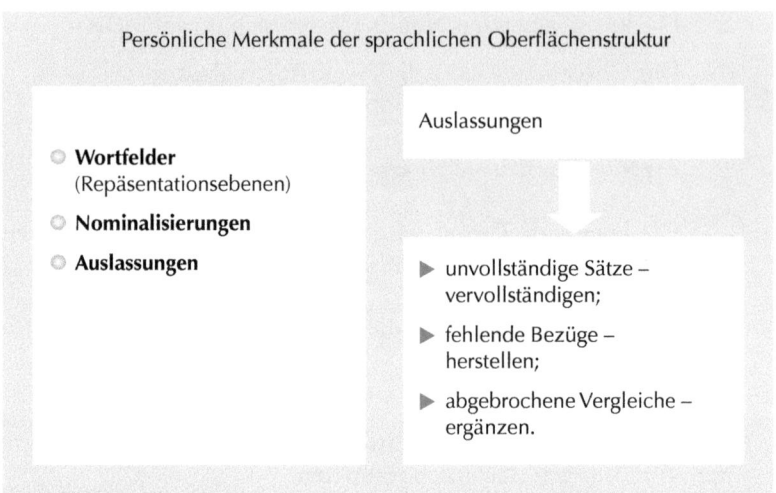

Persönliche Merkmale der sprachlichen Oberflächenstruktur

○ **Wortfelder**
  (Repäsentationsebenen)
○ **Nominalisierungen**
○ **Auslassungen**

Auslassungen

▶ unvollständige Sätze –
  vervollständigen;
▶ fehlende Bezüge –
  herstellen;
▶ abgebrochene Vergleiche –
  ergänzen.

☺ S hat im Kirchenkreis persönliche Kontakte genutzt, so dass Frau
Anders (Journalistin) vor vier Jahren eine Stelle als freie Mitarbeiterin
für die Kirchenzeitung bekommen hat. Als das Telefon bei S klingelt
und sich S kaum mit Namen gemeldet hat,

A: (spricht aus dem Auto, per Freisprechanlage, leicht verzerrt, aufge-
  regte Stimme)
  Hallo, hier bin ich. Hast Du mal 5 Minuten?
S: Worum geht es?
A: Dieser Heppstein! (Pastor für Öffentlichkeitsarbeit)
  Ich komme gerade aus dem Kreiskirchenamt. Wir hatten da 'ne
  Sitzung. Da hat er sich mal wieder blöd benommen… Einfach
  unerträglich. Wie der durch die Sitzung führt! Ätzend. Mal sollen
  wir uns kurz fassen, und dann labert er selbst stundenlang. Ich
  dazwischen: „Na, nun aber mal weiter" – da war erst Schweigen,
  Irritation. Das passte wohl nicht.
  Aber es geht doch nicht ums Schönreden, Veränderung ist ange-
  sagt!
S: Was genau ist für dich unerträglich? Oder:
S: Womit hat er dich verätzt? Oder:

S: Was passt dir nicht? Oder:
S: Wer redet schön über was? Oder:
S: Wie sagst du das, was du verändern möchtest?

🖊 Verkürzte Aussagen aus Gesprächen notieren.
Verschiedene zur Ergänzung einladende Interventionen aufschreiben.

2.4.5 Zum Training

🖊 Jede/r notiert für sich drei Adjektive und drei Verben, die für sie/ihn persönlich (in ihrer/seiner Tiefenstruktur) vorrangig mit den Begriffen „Scheidung" – „Krankheit" – „Glück" konnotiert sind.

💬 Nach Abschluss der persönlichen Notate beginnt eine/r (A), seine Adjektive und Verben zum Begriff „Scheidung" (in der folgenden Runde dann: „Krankheit", „Glück") zu benennen, ohne diese weitergehend zu erläutern; die beiden anderen (B, C) versuchen, das „Wortfeld" zu bestimmen, das bei A vorherrscht, und was sie zu verstehen meinen. A hört dem Gespräch von B und C lediglich zu und gibt abschließend einen kurzen Kommentar, wie gut sie/er sich verstanden fühlte.

Dann geht es in der Runde weiter.

◁ Training in Dreiergruppen

Trainingsanleitungen:

R redet ganz „normal" in ihrer Sprache, wenn möglich jedoch eher im Nominalstil, unter Weglassung wichtiger Bezüge und mit unvollständigen Vergleichen.

S geht auf die Repräsentationsebene von R ein, wandelt den Nominalstil von R um, stellt Bezüge her und vervollständigt fehlende Vergleichsobjekte.

🖊 Beobachtungsaufgaben für C:
Bitte schriftlich notieren für die folgende Aussprache:

Welches Wortfeld (Repräsentationsebene) herrscht bei den Verben von R vor?
Welches markante Nomen benutzt R – evtl. wiederholt?
Wie nimmt S die Wortfelder von R auf?
Welche Repräsentationsebene benutzt S, die nicht zum Wortfeld von R passt?

Spielanleitungen für R

F

Frau Jesko lebte nach ihrer Scheidung mit ihrer Mutter in einem Haus.

Ihre Mutter hat sich um den Haushalt gekümmert, damit sie ihrer Berufstätigkeit (Versicherungskauffrau) nachgehen konnte. Die Beziehung zur Mutter beschreibt Frau Jesko als sehr eng; inzwischen ist die Mutter verstorben. Nach der Scheidung hatte Frau Jesko eine Beziehung zu einem alkoholkranken Mann, der sich später das Leben nahm. (Der Vater von Frau Jesko war auch alkoholkrank.)

Danach hatte Frau Jesko zwei Beziehungen mit Männern, die jedoch von den Männern nach wenigen Monaten beendet wurden.

Seit etwa 2 Jahren macht Frau Jesko eine Psychotherapie (Gruppentherapie); sie bedauert, dass die Gruppe kein Interesse an gemeinsamer Freizeitgestaltung hat. Außer einer alten Schulfreundin habe sie sonst keine Freundinnen, und es sei auch schwer, welche zu finden.

Frau Jesko besucht regelmäßig ein Gottesdienstprojekt und hat schon andeutungsweise Gespräche mit S über „ihre Situation" geführt.

Am Sonntagabend um 19 Uhr entschließt sich Frau Jesko S anzurufen:

„Haben Sie etwas Zeit für mich?"

M

Herr Jesko lebte nach seiner Scheidung mit seiner Mutter in einem Haus.

Seine Mutter hat sich um den Haushalt gekümmert, damit er seiner Berufstätigkeit (Versicherungskaufmann) nachgehen konnte. Die Beziehung zur Mutter beschreibt Herr Jesko als sehr eng; inzwischen ist die Mutter verstorben. Nach der Scheidung hatte Herr Jesko eine Beziehung zu einer alkoholkranken Frau, die sich später das Leben nahm. (Die Mutter von Herrn Jesko war auch alkoholkrank.)

Danach hatte Herr Jesko zwei Beziehungen mit Frauen, die jedoch von den Frauen nach wenigen Monaten beendet wurden.

Seit etwa 2 Jahren macht Herr Jesko eine Psychotherapie (Gruppentherapie); er bedauert, dass die Gruppe kein Interesse an gemeinsamer Freizeitgestaltung hat. Außer einem alten Schulfreund habe er sonst keine Freunde, und es sei auch schwer, welche zu finden.

Herr Jesko besucht regelmäßig ein Gottesdienstprojekt und hat schon andeutungsweise Gespräche mit S über „seine Situation" geführt.

Am Sonntagabend um 19 Uhr entschließt sich Herr Jesko S anzurufen:
„Haben Sie etwas Zeit für mich?"

✳✳✳✳

F
Frau Wolter (57 J.) hat immer viel vor. Ihr Mann ist früh verstorben
(vor zehn Jahren); ihre drei Töchter sind verheiratet und haben
jeweils zwei Kinder (im Kindergarten und in der Grundschule); sie
arbeitet in der Telefonseelsorge mit und wirkt als Grüne Dame im
Krankenhaus; sie organisiert eine Frauentanzgruppe in der Gemeinde und ist eigentlich immer ansprechbar, wenn es „was zu tun"
gibt. Hinter all diesen Aktivitäten, die sie mit einem fröhlichen
Gesicht und in ihrer freundlichen Art lebhaft gestaltet, ist sie als
Mensch kaum fühlbar: Was Frau Wolter im Innersten bewegt, geht
niemanden etwas an.
Am Fuß der Rolltreppe im Kaufhaus trifft Frau Wolter zufällig auf S:
„Welch ein Zufall. Sie schickt der Himmel!" oder ähnlich …

M
Herr Wolter (67 J.) hat immer viel vor. Seine Frau ist früh verstorben
(vor zehn Jahren); seine drei Töchter sind verheiratet und haben
jeweils zwei Kinder (im Kindergarten und in der Grundschule); er
arbeitet in der Telefonseelsorge mit und wirkt als „Bibliothekar" im
Krankenhaus; er organisiert eine Laienspielgruppe in der Gemeinde
und ist eigentlich immer ansprechbar, wenn es „was zu tun" gibt.
Hinter all diesen Aktivitäten, die er mit einem fröhlichen Gesicht
und in seiner freundlichen Art lebhaft gestaltet, ist er als Mensch
kaum fühlbar: Was Herrn Wolter im Innersten bewegt, geht niemanden etwas an.
Am Fuß der Rolltreppe im Kaufhaus trifft Herr Wolter zufällig auf S:
„Welch ein Zufall. Sie schickt der Himmel!" oder ähnlich …

✳✳✳✳

F
Frau Pahlke (62 J.) ist MS-krank und nun schon seit einem halben
Jahr bettlägerig. Versorgung und Pflege liegen in guten Händen bei
ihrem Mann und einem Pflegedienst.
    Ihre beiden Kinder wohnen auch in der Stadt, sind verheiratet,
jedoch bisher kinderlos. Auch sie kümmern sich regelmäßig um ihre
Mutter.

Frau Pahlke hat über ihren Mann S um einen Besuch gebeten. Herr Pahlke ist S flüchtig bekannt aus dem Zusammenhang der Trauung der Tochter von Pahlkes; Frau Pahlke lag wegen eines MS-Schubs damals im Krankenhaus.

Frau Pahlke quält ein Problem, über das sie mit niemandem richtig reden kann: der Streit unter ihren Geschwistern. Alle vier leben noch (zwei Brüder, zwei Schwestern), haben sich aber über das elterliche Erbe hoffnungslos zerstritten. Sie, als Älteste, hat versucht zu vermitteln – ohne Erfolg. Kommentar:

„Da kann man nichts machen. Das macht mich ganz fertig. Da kann man nichts ändern."

Nichts wünscht sie sich mehr, als dass es vor ihrem Tod zu einer Versöhnung käme.

M

Herr Pahlke (62 J.) ist MS-krank und nun schon seit einem halben Jahr bettlägerig. Versorgung und Pflege liegen in guten Händen bei seiner Frau und einem Pflegedienst.

Ihre beiden Kinder wohnen auch in der Stadt, sind verheiratet, jedoch bisher kinderlos. Auch sie kümmern sich regelmäßig um ihren Vater.

Herr Pahlke hat über seine Frau S um einen Besuch gebeten. Frau Pahlke ist S flüchtig bekannt aus dem Zusammenhang der Trauung der Tochter von Pahlkes; Herr Pahlke lag wegen eines MS-Schubs damals im Krankenhaus.

Herrn Pahlke quält ein Problem, über das er mit niemandem richtig reden kann: der Streit unter seinen Geschwistern. Alle vier leben noch (zwei Brüder, zwei Schwestern), haben sich aber über das elterliche Erbe hoffnungslos zerstritten. Er, als Ältester, hat versucht zu vermitteln – ohne Erfolg. Kommentar:

„Da kann man nichts machen. Das macht mich ganz fertig. Da kann man nichts ändern."

Nichts wünscht er sich mehr, als dass es vor seinem Tod zu einer Versöhnung käme.

F

Kathrin (17 J.) ist nach der Scheidung ihrer Eltern dem Vater „zugesprochen" worden; ihre Mutter war damals (vor zwei Jahren) mit dieser „Lösung" durchaus einverstanden, da sie gern allein aus B. zu ihrem Freund nach Süddeutschland ziehen wollte.

Grund der Scheidung waren die wiederholten „Seitensprünge" des Vaters; als die „letzte" Freundin von ihm schwanger wurde, kam es zum Bruch. Während des Scheidungsverfahrens lernte die Mutter ihren jetzigen Mann kennen; der Vater heiratete die Freundin, die als alleinerziehende einen 10-jährigen Sohn mit in die Ehe brachte.

Alkohol und Gewalt spielte schon in der ersten Ehe, aber auch jetzt in der zweiten Ehe des Vaters eine Rolle.

Kathrin trifft S, die/der sie vor zwei Jahren konfirmiert hat, auf dem Friedhofsweg, der zum Kircheneingang führt. Es ist ein brütend heißer Sommertag. Kathrin ist ganz in Schwarz gekleidet – mit einer mantelartigen Jacke.

S: *„Hallo Kathrin!"*

M

Martin (17 J.) ist nach der Scheidung seiner Eltern dem Vater „zugesprochen" worden; seine Mutter war damals (vor zwei Jahren) mit dieser „Lösung" durchaus einverstanden, da sie gern allein aus B. zu ihrem Freund nach Süddeutschland ziehen wollte.

Grund der Scheidung waren die wiederholten „Seitensprünge" des Vaters; als die „letzte" Freundin von ihm schwanger wurde, kam es zum Bruch. Während des Scheidungsverfahrens lernte die Mutter ihren jetzigen Mann kennen; der Vater heiratete die Freundin, die als alleinerziehende einen 10-jährigen Sohn mit in die Ehe brachte.

Alkohol und Gewalt spielte schon in der ersten Ehe, aber auch jetzt in der zweiten Ehe des Vaters eine Rolle.

Martin trifft S, die/der ihn vor zwei Jahren konfirmiert hat, auf dem Friedhofsweg, der zum Kircheneingang führt. Es ist ein brütend heißer Sommertag. Martin ist ganz in Schwarz gekleidet – mit einer mantelartigen Jacke.

S: *„Hallo Martin!"*

2.5 sich erkundigen – sich erkunden

Die beratende Person kann sich mit Hilfe der mäeutischen Fragekunst bei der ratsuchenden Person so erkundigen, dass diese sich selbst erkundet.

Diese Selbsterkundung erschließt der ratsuchenden Person den Zugang zu ihrer Tiefenstruktur und ihrer dort ruhenden potentiellen Komplexität.

Dieses Kapitel will dazu anleiten, sich der Wirkweise von Fragen bewusst zu werden und sich die besondere Kunst des mäeutischen Fragens anzueignen.

📖 Lohse, Kurzgespräch, 75ff [17]

📖 Grochowiak/Heiligtag, Fragen [20]

2.5.1 Geschlossene Fragen

Fragen und Infragestellen ist der Versuch einer Person, ihr Gegenüber besser zu verstehen oder sich zu vergewissern, ob sie diese recht verstanden hat. Eine gängige Form des Fragens ist die geschlossene Frage:

👁 Der Verstörung, die der kommunikative Anschluss in einem System zweier Personen auslöst[21], begegnet die beratende Person oft mit dem Versuch, sich durch geschlossene Fragen ihres Selbst-Verständnisses zu vergewissern. Die Tendenz geschlossener Fragen zielt auf Eindeutigkeit: Ja oder Nein. Weicht die ratsuchende Person aus oder ist sie sich nicht sicher, wird meist mit weiteren geschlossenen Fragen eine Eindeutigkeit angestrebt.

19 Kap. 2.3, 71ff.
20 Grochowiak, Klaus/Heiligtag, Stefan, Die Magie des Fragens, Paderborn, 2002.
21 Vgl. Kap. 2.1 und 2.6.

Beispiele:

„Hast du mal einen Augenblick Zeit?"
　　„Ja – nein – vielleicht – eigentlich nicht, worum geht's
　　denn?"

„Du willst dich scheiden lassen?"
　　„Ach, na ja …"

„Hab ich Sie recht verstanden: Sie wollen Ihren Job aufgeben?"
„Nein, wie kommen Sie darauf?"

„Können Sie sich vorstellen, mal alles ruhen zu lassen?"
　　„Ja, schon, aber das geht einfach nicht."

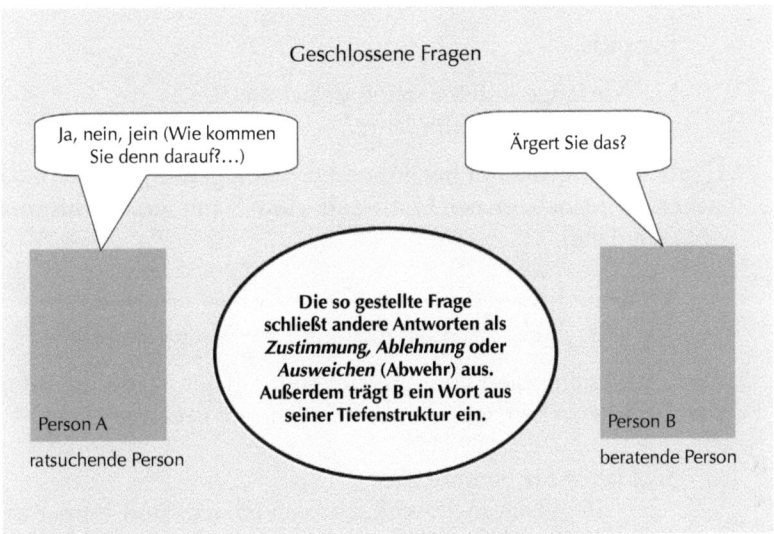

😞 Geschlossene Fragen sollten im Kurzgespräch gemieden werden,
denn

1. sie verifizieren oder falsifizieren lediglich den Status quo;
2. sie dienen mehr der Sicherheit der beratenden Person als der Wegfindung der ratsuchenden Person;
3. sie tragen meist die Sprache der beratenden Person und deren Tie-
   fenverstehen ein;
4. sie nötigen die ratsuchende Person, sich mit dem Verstehen der
   beratenden Person auseinanderzusetzen;
5. sie provozieren oft auch Abwehr.

2.5.2 Informationsfragen

Zum Verstehen dessen, was die ratsuchende Person beschäftigt, braucht die ratsuchende Person in einem gewissen Umfang Informationen, die sie ausschließlich von der ratsuchenden Person erhalten kann. Sie wird sich also erkundigen müssen:

◐ Informationsfragen scheinen in einem Beratungsgespräch unerlässlich.[22] Informationsfragen dringen in die ratsuchende Person ein und fordern sie auf, Einzelheiten, Daten, Privates herzugeben. Informationsfragen werden meist bereitwillig von der ratsuchenden Person beantwortet, weil beide stillschweigend davon ausgehen, dass sich mit der Hergabe von Informationen das Problem lösen ließe.

Beispiele:

S: „Wie lange sind Sie schon verheiratet?"
R: „Knapp zehn Jahre."

R gibt die Information heraus, ob bereitwillig und gern, steht dahin, sicherlich jedoch in der Hoffnung, dass S mit dieser Information „etwas anfängt."

S: „Wann haben Sie das letzte Mal darüber gesprochen?"
R: „Ach, das muss jetzt gut eine Woche her sein – ."

Das „Ach" signalisiert eine eingeschränkte Bereitschaft, die Information herauszugeben, was immer sich dahinter verbergen mag.

S: „Haben Sie Freunde?"
R: „Nein, nicht wirklich, aber ich habe mir immer welche gewünscht."

Jetzt geht es um das Thema „Freunde", das von S eingebracht wurde, und den unerfüllten Wunsch nach Freunden; eine Schleife, die S initiiert hat.

22 Vgl. Kap. 1.2.

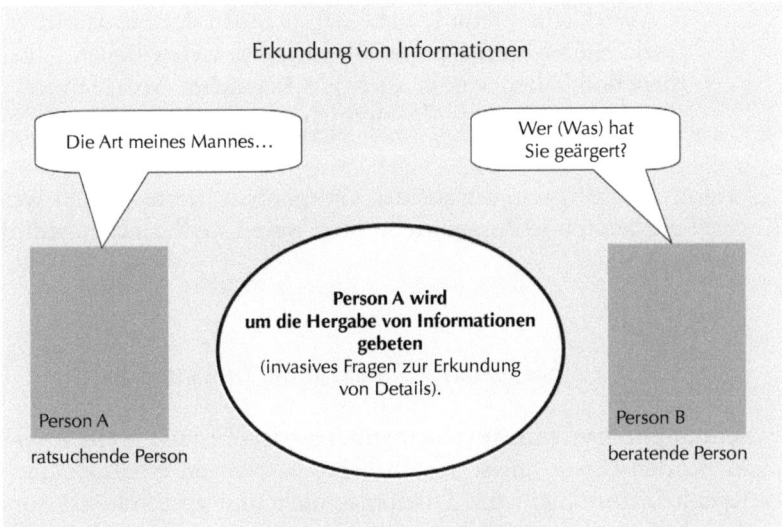

Erkundung von Informationen

Die Art meines Mannes…

Wer (Was) hat
Sie geärgert?

**Person A wird
um die Hergabe von Informationen
gebeten**
(invasives Fragen zur Erkundung
von Details).

Person A

ratsuchende Person

Person B

beratende Person

☺ Ist der Hintergrund der Informationsfrage der ratsuchenden Person von S erläutert worden, wird diese bereitwillig die Erkundigung unterstützen.

Beispiele:

S: „Ich denke gerade so bei mir: Ob die Dauer Ihrer Ehe etwas damit zu tun hat, dass Sie sich so überflüssig in Ihrer Ehe fühlen; deshalb meine Frage: Wie lange sind Sie schon verheiratet?"

R: Wir sind knapp zehn Jahre verheiratet, kennen uns schon seit der Schulzeit und sind gleich zu Beginn des Studiums zusammengezogen."

S: „Sie haben früher oft darüber miteinander gesprochen. Jetzt frage ich mich, wann ist das Gespräch zwischen Ihnen verstummt und wie lange ertragen Sie schon das Beschweigen, also: Wann haben Sie das letzte Mal darüber gesprochen?"

R: „Je öfter wir darüber gesprochen haben, desto heftiger haben wir uns gestritten. Zum Schluss haben wir mit den Türen geknallt. Nun wartet jeder darauf, dass der andere wieder den Anfang sucht. Und das geht jetzt schon 14 Tage so."

S: „Sie sind etwa Mitte vierzig, wirken auf mich freundlich und zugewandt und mit viel Interesse an der Welt und dem Leben um Sie herum, und zugleich stellen Sie sich mir so dar, als ob Sie ganz für sich leben. Haben Sie Freunde?"

R: „Wirkliche Freunde habe ich nicht. In der Firma bin ich ein geschätzter Mitarbeiter, wohl auch bei vielen beliebt. Im Kirchenchor haben wir ja auch ein herzliches Miteinander. Aber sonst so, privat, da treffe ich mich mit niemandem.“

☹ Informationsfragen, die aus der Verlegenheit heraus gestellt werden, weil die beratende Person nicht mehr weiter weiß, sind unbedingt zu vermeiden!

2.5.3 Fragen zur Erkundung des Ist-Zustandes

Erkundungsfragen zum (problematischen) Ist-Zustand werden von der ratsuchenden Person meist ausführlich beantwortet, erhält sie doch die Gelegenheit, ihre Sicht des Dilemmas nicht nur zu schildern, sondern auch detailliert zu rechtfertigen:

◉ Mit den Fragepartikeln „wieso“, „weshalb“, „warum“ eingeleitete Erkundungsfragen wollen den Zusammenhang zwischen Ursache, Wirkung und Ergebnis für die beratende Person erhellen; sie operieren auf der Schiene: Wenn man nur die verursachenden Zusammenhänge richtig erkennt, wird sich eine Lösung des Problems zeigen.

Beispiele:

S: „Warum haben Sie vor zehn Jahren geheiratet?“
R: „Also, damals hatten wir die Vorstellung …“
 „Heute sieht meine Frau das so …“
 „Und ich meine …“
 „Außerdem wollten ihre Eltern …“
 „Und den letzten Ausschlag gab, dass …“

S: „Weshalb reden Sie darüber nicht mehr miteinander?“
R: „Ich glaube, jeder hat da so seine eigenen Gründe …“
 „Wir haben beide schon immer unseren eigenen Kopf …“
 „Vielleicht will keiner nachgeben …“
 „Bisher habe ich immer wieder angefangen …“

S: „Wieso haben Sie keine Freunde?“
R: „Das ist eine lange Geschichte …“
 „Es fing damit an, dass ich für mich feststellte …“
 „Dann kam hinzu …“
 „Vor drei Jahren war ich deswegen in einer Gruppentherapie …“

Die beratende Person erhält eine Fülle von Informationen aus der Vergangenheit verknüpft mit der unausgesprochenen Erwartung, diese einer hilfreichen Diagnose oder Problemdefinition zuzuordnen.

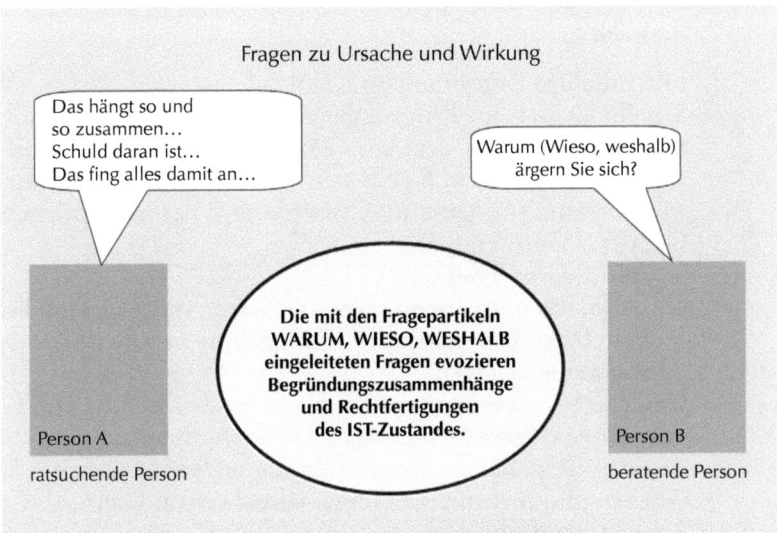

Fragen zu Ursache und Wirkung

Das hängt so und so zusammen… Schuld daran ist… Das fing alles damit an…

Warum (Wieso, weshalb) ärgern Sie sich?

Die mit den Fragepartikeln WARUM, WIESO, WESHALB eingeleiteten Fragen evozieren Begründungszusammenhänge und Rechtfertigungen des IST-Zustandes.

Person A
ratsuchende Person

Person B
beratende Person

☹ Rückwärtsgewandte Ursache – Wirkung – Fragen zur Erläuterung des Ist-Zustandes sind für das Kurzgespräch ungeeignet; die Antworten bedienen nur vordergründig das Verstehen der beratenden Person und stoßen bei der ratsuchenden Person meist nur den Kreislauf längst durchwanderter Gedanken oder mehrfach wiederholter Gespräche an.

2.5.4 Mäeutische Fragen zur Erkundung der Tiefenstruktur

Mäeutisches Fragen regt die ratsuchende Person an, sich selbst (neu) zu erkunden. Die beratende Person bringt mit dieser Fragehaltung die ratsuchende Person dazu, sich selbst in ihrer derzeitigen Organisationsform in Frage zu stellen.

◉ Erkundungsfragen, die mit „W"-Fragepartikeln[23] eingeleitet werden und sich daran orientieren, dass die ratsuchende Person erst „nachdenken" muss, bevor sie antworten kann, zielen im Kurzgespräch

---

23 Wer, was, wessen, wem, wen (personal); wann, bis/seit wann, wie lange (temporal); wo, woher, wohin (lokal); wodurch, womit (instrumental); wozu (final); wie, wie viel, wie oft (modal).

darauf ab, dass die ratsuchende Person „in sich" geht, sich dabei in ihrer Vielfalt selber neu entdeckt und durch diesen Zugang zu ihren eigenen Ressourcen[24] sich selbständig aus ihrer Blockade lösen kann.

☺   Beispiel:

Eine zufällige Begegnung im Krankenhaus.
S befindet sich im Eingangsbereich des Haupthauses und will zum Büro gehen. S sieht zwei Mitarbeiterinnen stehen, die sich angeregt unterhalten. S geht weiter. Nach ca. 20 m kommt eine Mitarbeiterin (G) ganz aufgeregt hinter S her und spricht S an.
G: „Grüß Gott, Herr S!"
S: „Grüß Gott, Frau G!"
G: „Also, ich muss Ihnen sagen. Sie haben mich neulich bei der Frau B im Büro gesehen: Das ist jetzt mein neuer Arbeitsplatz seit wenigen Tagen."
Und ehe S intervenieren kann, folgt eine Aufzählung von Gründen, die zu diesem Stellenwechsel führten. Es stört Frau G nicht, dass das Gespräch im Flur stattfindet, andere Mitarbeiter S und G sehen und mehrmals an ihnen vorbei gehen. Dann, als G eine Atempause macht, sagt
S: „Was ist das, was Sie mir ins Ohr sagen müssen, Frau G?"
G schweigt, sieht S mit großen, etwas ängstlichen Augen an, die sich langsam mit Tränen füllen, und sagt dann leise:
G: „Ich habe Angst, dass sie mir kündigen wollen. Aber das besprechen wir lieber in Ihrem Zimmer."

S hat sich den ersten Satz gemerkt (ich muss Ihnen sagen), benutzt dieses als „Sesam, öffne dich!", bleibt auf der auditiven Repräsentationsebene und regt G an, mit der mäeutischen Erkundungsfrage (Was ist das, was Sie mir sagen müssen?) in sich zu gehen.

---

24 Vgl. Kap 2.10.

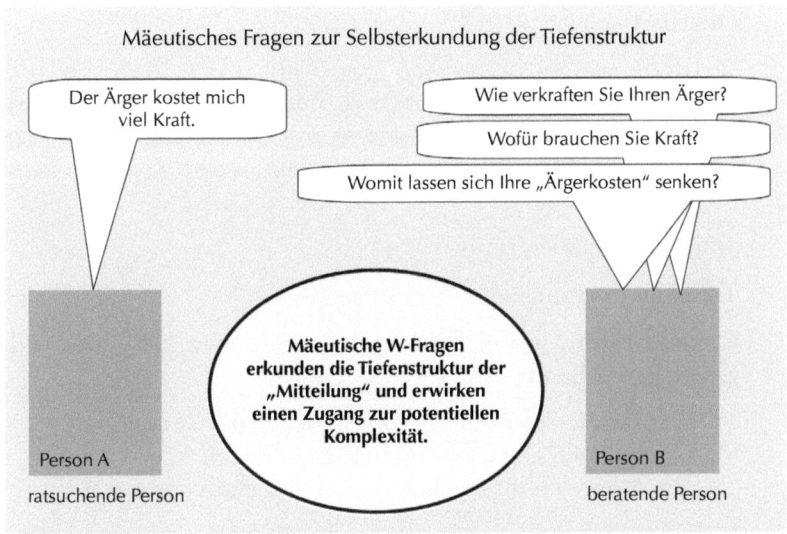

Mäeutisches Fragen zur Selbsterkundung der Tiefenstruktur

Der Ärger kostet mich viel Kraft.

Wie verkraften Sie Ihren Ärger?

Wofür brauchen Sie Kraft?

Womit lassen sich Ihre „Ärgerkosten" senken?

Mäeutische W-Fragen erkunden die Tiefenstruktur der „Mitteilung" und erwirken einen Zugang zur potentiellen Komplexität.

Person A
ratsuchende Person

Person B
beratende Person

2.5.5 Zum Training

🖊 Ein zurückliegendes Gespräch als Verbatim notieren.

Im Nachhinein die Stellen markieren, an denen eine mäeutische Frage angebracht gewesen wäre.

An jeder dieser Stellen mehr als eine mäeutische Frage schriftlich ausformulieren und auf ihre Erkundungskraft überprüfen.

💬 Jede/r in der Dreiergruppe übt nacheinander jede oben dargestellte Frageform nach folgendem Plan:

Die Übung beginnt damit, dass 2 (bzw. 3, dann 1) einen im Moment für sie/ihn stimmigen Aussagesatz über sich macht, auf den hin dann die jeweiligen Fragen (nach einer Zeit des Überlegens) gestellt werden:

geschlossene Frage (Erkundung der Befindlichkeit);
Informationsfrage;
Frage zu Ursache und Wirkung;
mäeutische Frage;

Dabei beginnt 1 → 2 zu fragen und 3 achtet auf Regel und Zeit; dann fragt 2 → 3 und 1 passt auf; schließlich 3 → 1 und 2 achtet auf Regel und Zeit.

Fragepartikel:

Wer, was, wessen, wem, wen (personal); wann, bis/seit wann, wie lange (temporal); wo, woher, wohin (lokal); wodurch, womit (instrumental); wozu (final); wie, wie viel, wie oft (modal).
  Für die Ursache-Wirkung-Frage: wieso, weshalb, warum (kausal).

⌒ Training in Dreiergruppen

Trainingsanleitungen:

R merkt sofort, in welcher Frageform S sich an R wendet und reagiert entsprechend:

  Da kann ich nur mit „Ja" oder „Nein" antworten.
  Da muss ich Detailinformationen herausrücken.
  Da komm ich ins Nachdenken – und dann antwortet R auch.

S überlegt sich ihre/seine Fragen in aller Ruhe und wartet die Reaktion ab, ändert (ohne Diskussion!) seine Frage, es sei denn, R kommt ins Nachdenken.

✐ Beobachtungsaufgaben für C:

Bitte schriftlich festhalten:
1. Welche W-Frage(n) wirkte(n) geburtshelferisch?
2. Welche W-Frage(n) diente(n) lediglich dem Abfragen von Informationen?
3. Welche nonverbalen Reaktionen auf welche W-Frage(n) waren bei R zu beobachten?

Spielanleitungen für R

F

Frau Dornbach (37) macht sich viele Gedanken über sich und ihr Leben. Zu ihrem Leben gehört vor allem ihre Tochter Stefanie (9), aber auch „die" Männer. Mit keinem Mann hat sie es lange ausgehalten; wenn sie ehrlich mit sich ist, weiß sie, dass die Männer es nicht mit ihr ausgehalten haben. Sie hat sich deswegen vor einem Jahr zu einer Psychotherapie angemeldet, weil ihr – nach der letzten Trennung – alles zu viel wurde. Außerdem fing es da auch mit Stefanie an – zu Hause und in der Schule. Je nach dem, wie es ihr (der Mutter) geht, so geht es auch Stefanie: Ist sie gut drauf, ist auch Stefanie gut drauf. Zu Stefanies Vater gibt es keinen Kontakt. Eigentlich wollte sie von dem „nur ein Kind". Jetzt ist Frau Dornbach allein erziehend. An ihrem jetzigen Ort wohnt sie erst seit kurzem. Sie hat immer wieder Arbeit gefunden, obwohl sie keine ihrer verschiedenen Ausbildungen beendet hat: Sie kann alles, aber nichts richtig.

Frau Dornbach hat ein Gespräch mit S verabredet:

„Ich muss mir mal Klarheit verschaffen ...“

M

Herr Dornbach (37) macht sich viele Gedanken über sich und sein Leben. Zu seinem Leben gehört vor allem seine Tochter Stefanie (9), aber auch „die“ Frauen. Mit keiner Frau hat er es lange ausgehalten; wenn er ehrlich mit sich ist, weiß er, dass die Frauen es nicht mit ihm ausgehalten haben. Er hat sich deswegen vor einem Jahr zu einer Psychotherapie angemeldet, weil ihm – nach der letzten Trennung – alles zu viel wurde. Außerdem fing es da auch mit Stefanie an – zu Hause und in der Schule. Je nach dem, wie es ihr (der leiblichen Mutter, bei der Stefanie lebt) geht, so geht es auch Stefanie: Ist sie gut drauf, ist auch Stefanie gut drauf. Zu ihm, Stefanies Vater, gibt es „geregelten“ Kontakt. Eigentlich, das weiß Herr Dornbach, wollte die Frau damals von ihm „nur ein Kind“. Irgendwie hängt er sehr an Stefanie, hat jedoch keinen Einfluss auf die Erziehungsmethoden („Zuckerbrot und Peitsche“) der Mutter.

Herr Dornbach hat ein Gespräch mit S verabredet:

„Ich muss mir mal Klarheit verschaffen ...“

✳✳✳✳

F

S geht in der Berufsschule, in der S als Religionslehrer/in tätig ist, durchs Treppenhaus und begegnet einer Auszubildenden (Ruth), die S am vergangenen Wochenende mit 15 anderen Azubis in ein Kloster begleitet hat.

Grußwechsel. Ruth bleibt stehen, S daraufhin auch, Ruth sprudelt gleich los:

„Ich hätte ja nie gedacht, dass es mir in einem Kloster gefallen könnte.

Ja, bisher hatte ich mit Glauben und Kirche einfach wenig am Hut.

Jetzt habe ich halt gesehen, dass es Menschen gibt, denen das total wichtig ist, die sich dafür einsetzen, ihr Leben umkrempeln.

Die Leute strahlten was aus. Es scheint irgendwie Sinn zu machen, an Gott zu glauben.“

M

S geht in der Berufsschule, in der S als Religionslehrer/in tätig ist, durchs Treppenhaus und begegnet einem Auszubildenden (Rudi), den S am vergangenen Wochenende mit 15 anderen Azubis in ein Kloster begleitet hat.

Grußwechsel. Rudi bleibt stehen, S daraufhin auch, Rudi sprudelt gleich los:

„Ich hätte ja nie gedacht, dass es mir in einem Kloster gefallen könnte.

Ja, bisher hatte ich mit Glauben und Kirche einfach wenig am Hut.

Jetzt habe ich halt gesehen, dass es Menschen gibt, denen das total wichtig ist, die sich dafür einsetzen, ihr Leben umkrempeln.

Die Leute strahlten was aus. Es scheint irgendwie Sinn zu machen, an Gott zu glauben."

****

F

Vor der geöffneten Tür des Gemeindesekretariats hört S, während S kopiert, „halb" dem Geplauder im Raum zu. Auch Frau Hansen beteiligt sich mit Einwürfen und Scherzen an dem Gespräch. S kommt dann hinzu und begrüßt alle und klinkt sich in das Scherzen und Flachsen ein.

Plötzlich wird Frau Hansen ernst, gefasst und fest, und fragt, ob S die Adresse eines Therapeuten wüsste, der ihrer Schwester helfen könnte, die letztes Jahr plötzlich ihren Mann durch Tod verloren hat.

Frau Hansen erzählt, was die Schwester seitdem schon alles getan und versucht hat:

Besuch einer Trauergruppe in der Nachbarstadt, die sie aber wieder verlassen hat, da sie sich dort nicht wohl gefühlt hat.

Aufsuchen einer Therapeutin, die sie nach zwei Terminen wieder verließ, da diese zu viel von sich selbst erzählt hat.

M

Vor der geöffneten Tür des Gemeindesekretariats hört S, während S kopiert, „halb" dem Geplauder im Raum zu. Auch Herr Hansen beteiligt sich mit Einwürfen und Scherzen an dem Gespräch. S kommt dann hinzu und begrüßt alle und klinkt sich in das Scherzen und Flachsen ein.

Plötzlich wird Herr Hansen ernst, gefasst und fest, und fragt, ob S die Adresse eines Therapeuten wüsste, der seiner Schwester helfen könnte, die letztes Jahr plötzlich ihren Mann durch Tod verloren hat.

Herr Hansen erzählt, was die Schwester seitdem schon alles

getan und versucht hat:

Besuch einer Trauergruppe in der Nachbarstadt, die sie aber wieder verlassen hat, da sie sich dort nicht wohl gefühlt hat.

Aufsuchen einer Therapeutin, die sie nach zwei Terminen wieder verließ, da diese zu viel von sich selbst erzählt hat.

✳✳✳✳

F

Situation: Der Gottesdienst am Freitagabend in der Klinik, in der S arbeitet, ist zu Ende. S ist dabei, zur Tür zu gehen, um die Besucher/innen dort zu verabschieden. Da tritt eine Gottesdienstbesucherin auf S zu und fragt:

„Sind Sie auch am Dienstag hier im Haus?"

S: *„Ja, ich bin auch am Dienstag hier. Ich komme gleich zu Ihnen – ich will nur eben die anderen Gottesdienstbesucher noch verabschieden."*

Nach der Verabschiedung geht S zu der Frau, die auf S im Raum gewartet hat. S hatte bemerkt, dass die Frau während der Predigt angefangen hatte zu weinen.

„Jetzt habe ich Zeit für Sie. Sie fragten nach dem Dienstag. Wollen wir uns für Dienstagvormittag verabreden?"

R: *„Ja, wissen Sie, am Dienstag ist nämlich der Todestag von meinem Mann. Er ist vor fünf Jahren gestorben."*

M

Situation: Der Gottesdienst am Freitagabend in der Klinik, in der S arbeitet, ist zu Ende. S ist dabei, zur Tür zu gehen, um die Besucher/innen dort zu verabschieden. Da tritt ein Gottesdienstbesucher auf S zu und fragt:

„Sind Sie auch am Dienstag hier im Haus?"

S: *„Ja, ich bin auch am Dienstag hier. Ich komme gleich zu Ihnen – ich will nur eben die anderen Gottesdienstbesucher noch verabschieden."*

Nach der Verabschiedung geht S zu dem Mann, der auf S im Raum gewartet hat. S hatte bemerkt, dass der Mann während der Predigt angefangen hatte zu weinen.

S: *„Jetzt habe ich Zeit für Sie. Sie fragten nach dem Dienstag. Wollen wir uns für Dienstagvormittag verabreden?"*

R: *„Ja, wissen Sie, am Dienstag ist nämlich der Todestag von meiner Frau. Sie ist vor fünf Jahren gestorben."*

2.6 verstören

Jede sprachliche Interaktion zweier Personen wirkt wechselseitig als „Störung". Da beide im geschlossenen System strukturell verkoppelt sind, entstehen daraus Strukturänderungen, die sich in ihrer Bedeutung und Konsequenz grundsätzlich nicht vorab definieren oder voraussagen lassen; vielmehr konstruieren beide in der interaktiven Sprachkopplung eine nur ihnen gemeinsame „Weltwirklichkeit".

Bestimmte Sprechakte legen die Wahrscheinlichkeit nahe, dass die Konstruktion dieser Wirklichkeit in eine Richtung gedrängt wird.

Dieses Kapitel will dazu anleiten, sich der Sprechakte bewusst zu werden, die mit hoher Wahrscheinlichkeit die Wirklichkeitskonstruktion in eine bestimmte Richtung drängen.

Lohse, Kurzgespräch, 82ff[25]

Varela, Autopoiese[26]

2.6.1 Vom Konjunktiv zum Indikativ

Sprechakte konstruieren über die gewählte Modalform – Konjunktiv oder Indikativ – „virtuelle" oder „reale" Wirklichkeiten:
Der Indikativ als „Modus der Aussage"[27] will anzeigen, dass etwas Reales oder Irreales, Wünschenswertes oder Ersehntes ist, wie es ist. Die Konjunktivform drückt aus, dass etwas wünschenswert oder unwirklich sei, und stellt Reales wie Irreales in Frage.
Neben diesen aktiven Gestaltungsmöglichkeiten einer Aussage durch die Wahl der Modalform hat sich der Konjunktiv umgangssprachlich (besonders im so genannten Psycho-Jargon) in Sätzen

---

25 Kap. 2.4, 78ff.
26 Vgl. Kap. 2.1 und Autopoiese, strukturelle Kopplung und Therapie – Fragen an Francisco Varela in: Simon, Fritz B. (Hg.) Lebende Systeme, Frankfurt, 1997.
27 Kluge, Friedrich, Etymologisches Wörterbuch der deutschen Sprache. Bearbeitet von Elmar Seebold, Berlin, 1999, 398.

„der vorsichtigen Redeweise"[28] eingenistet. „Sie drücken Zurückhaltung gegenüber dem Ansprechpartner aus, eine gewisse Höflichkeit und auch das Bemühen des Sprechers/Schreibers, die eigene Position nicht als zu dominant erscheinen zu lassen."[29]

☹ Beispiele:

S: „Was würden Sie denn jetzt am liebsten tun?"
R: „Ich könnte/ Ich möchte/ Ich sollte/ Ich dürfte auf keinen Fall usw."
Der Fantasie sind keine Grenzen gesetzt.

Oder:

R: „Das hätte ich nicht von meinem Mann erwartet!"
S: „Was würden Sie von Ihrem Mann erwarten?"
R: „Ach, da hätte ich eine Menge Wünsche …"

Oder:

S: „Wie viel Zeit könnten Sie sich denn für Ihr Kind nehmen?"
R: „Wenn ich mir das wirklich vornehmen würde, könnte ich …"

☺ Wird der „vorsichtige" Konjunktiv in diesen Aussagen von S in einen Indikativ verwandelt, kommt es zu einem klarsichtigen Prozess.

Beispiele:

S: „Was werden Sie jetzt tun?"
R: „Als Erstes werde ich …"

R: „Das hätte ich nicht von meinem Mann erwartet!"
S: „Was erwarten Sie von Ihrem Mann?"
R: „Dass er mir zuhört."

S: „Wie viel Zeit können Sie sich (tatsächlich) für Ihr Kind nehmen?"
R: „Da ich halbtags berufstätig bin und mein Kind gegen vier aus dem Hort kommt, bleibt uns nur die Zeit von vier bis acht; dann muss es zu Bett. Aber ich muss auch einkaufen und die Wohnung säubern, und ab sechs ist Fernsehen angesagt, und etwas Zeit möchte ich auch für mich haben."

28 Götze, Lutz/Hess-Lüttich, Ernest W.B., Grammatik der deutschen Sprache, Gütersloh, 1999, 131.
29 Götze/Hess-Lüttich, Grammatik, 131.

Der „klärende Indikativ"[30] verstört und führt zwischen R und S zu einer anderen Konstruktion von Wirklichkeit.

Im Zusammenhang des Kurzgesprächs geht es vornehmlich um die Überwindung der „vorsichtigen Redeweise" im Konjunktiv durch den „klärenden Indikativ".

Beispiele:

R: Ich würde Sie gern mal sprechen.
S: Was würden Sie denn gern mal ansprechen?
   Was möchten Sie mit mir besprechen?

R: Es geht um meine Arbeitsstelle. Ich glaub, die würden mich da gern los sein.
S: Könnten Sie mir das etwas genauer umreißen?
   Umreißen Sie mir das bitte.

R: Die Kollegen lassen gelegentlich so Bemerkungen über mich fallen, mit denen sie mich wohl kränken wollen.
S: Wären Sie bereit, mir solch eine Bemerkung mal zu benennen?
   Welche Bemerkung hat sie gekränkt?

R: Einmal, da haben sie sich über meine Figur unterhalten. Ich war grad draußen. Als ich zurückkam, hörte ich nur den letzten Satz: Die mit ihren Kartoffelstampfern … Danach waren alle still. Ich tat so, als ob ich nichts gehört hätte.
S: Was wäre denn, wenn Sie nicht so getan hätten, als ob Sie die Bemerkung nicht gehört hätten?
   Wenn Sie nun so tun, dass Sie die Bemerkung sehr wohl gehört haben, wie geht es dann weiter?

Es liegt an der Steuermannskunst der beratenden Person, das trübe Gewässer des vorsichtigen Konjunktivs zu verlassen und im Tiefwasser des klärenden Indikativs zu den Ufern einer anderen Wirklichkeit zu gelangen.

◉ Der Indikativ Futur ist eine besondere Form der Umwandlung des Konjunktivs und löst eine eigenartige Verstörung im Rahmen der strukturellen Kopplung aus:

---

30 Süskind, Wilhelm Emanuel, Vom ABC zum Sprachkunstwerk. Neubearbeitung von Thomas Schlachter, Zürich, 1996, 58.

Beispiele:

S: Wie würde sich Ihr Leben ohne Freundin gestalten?
S: Wie *wird* sich Ihr Leben ohne Freundin gestalten?

Oder:

B: Was würden Sie tun, wenn Sie im Lotto gewinnen würden?
B: Was *werden* Sie tun, wenn Sie im Lotto gewinnen?

Aber auch:

B: Wo wären Sie zu Weihnachten am liebsten?
B: Wo *werden* Sie zu Weihnachten am liebsten sein?

Durch die Wahl des Indikativs Futur können einschränkende Faktoren der Gegenwart weggelassen werden, und so lässt sich in Gedanken eine zukünftig andere Wirklichkeit schaffen, in der sich das gegenwärtige Lebenspotential anders entfalten kann als bisher. Nicht vom Wunschdenken her, sondern mit Realitätssinn kann ein zukünftig anderer Wirklichkeitsraum vorweggenommen werden, um gegenwärtige Handlungsalternativen freizusetzen, die das vorweg gedachte Lebensmodell schrittweise zur Wirklichkeit werden lassen.

☺ Beispiele:

R: Wenn mein Mann auf mich hören würde, würde er kündigen.
S: Was alles wird (statt: würde) anders, wenn ihr Mann kündigt?

Oder:

R: Wenn ich das rauskriegen würde, dass sie mich betrügt, würde ich sofort Schluss machen!
S: Wie werden (statt: würden) Sie Schluss machen?

Oder:

R: Ich würde mir meinen Tag ja anders einteilen, aber was würden die andern dazu sagen?
S: Was werden (statt: würden) die andern dazu sagen, wenn Sie Ihren Tag anders einteilen?

Manch eine anfragende Person hat schon ein ziemlich detailliertes Konzept einer anderen Wirklichkeit in ihrer Vorstellungskraft vorweggenommen, aber erst die Einladung, diesen fiktiven Raum real zu betreten, entfaltet die nötigen Kraftreserven, das zukünftige Organisationsmodell des Lebens in die Tat umzusetzen.

_____

Beispiele:

R: „Wir haben einfach nicht die Zeit, in Ruhe miteinander zu reden."
S: „Angenommen, es wird (statt: würde) Wirklichkeit: Sie und Ihr Mann finden und haben Zeit, in Ruhe miteinander zu reden: Worüber werden (statt: würden) Sie mit Ihrem Mann reden?"

Oder:

R: „Es wäre wirklich alles anders, wenn wir uns scheiden lassen würden."
S: „Nehmen wir jetzt mal an, das ist so Wirklichkeit geworden: Sie sind geschieden. Was wird (statt: würde) als Erstes anders?"

Eine „Als-ob-Fiktion" will gut überlegt, sprachlich sauber codiert und mit non- und paraverbaler Kongruenz eingebracht sein, um zu einer weiterführenden Verstörung zu führen.

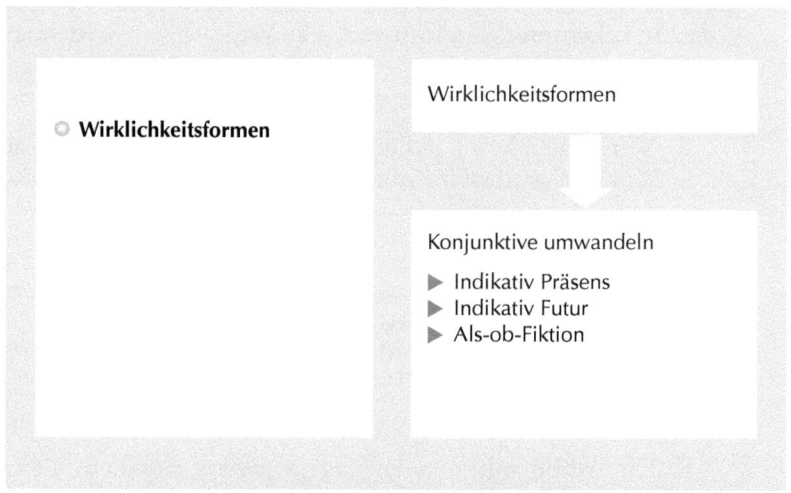

2.6.2 weniger ist mehr

Sprechakte können die Wirklichkeitskonstruktion beim Zusammentreffen zweier Strukturen in eine Richtung drängen, die stärker von der Tiefenstruktur der beratenden Person bestimmt ist als von der der ratsuchenden Person.

Die beratende Person ist im Hinblick auf das, was die ratsuchende Person in ihrer Tiefenstruktur beschäftigt, unkundig. Je eindeutiger sie sich als Unkundige verhält, desto weniger gerät sie in die Gefahr, die „Richtungsdrift" aus ihrer Struktur heraus in eine für die ratsuchende Person unergiebige Richtung zu beeinflussen.

Je weniger sie also aus der eigenen Verstehensstruktur heraus interagiert, desto mehr (wahrscheinlicher) bleibt sie auf dem Kurs einer strukturellen Änderung der ratsuchenden Person.

☹ Drei Formen der Interaktion seitens der beratenden Person sind deshalb im Kurzgespräch weniger geeignet:

Sprechakte, die die Befindlichkeit der ratsuchenden Person mit Worten aus der Tiefenstruktur der beratenden Person verbalisieren.
    Die ratsuchende Person muss sich auf die Sprachbegrifflichkeit der beratenden Person einstellen.

Sprechakte, die traumatische Prozesse der psychosexuellen Entwicklung der ratsuchenden Person erkunden wollen.
    Die ratsuchende Person muss sich mit dem Denkmodell der beratenden Person gedanklich auseinandersetzen.

Sprechakte, die das Problemfeld durch Einbeziehung anderer Personen und Zeiten und Umstände erweitern.
    Die ratsuchende Person muss sich durch den Beziehungshorizont der beratenden Person infrage stellen.

☺ Je weniger die beratende Person sich einbringt, desto mehr (wahrscheinlicher) kann sie die ratsuchende Person mit sich selbst „verstören", indem sie deren Äußerungen mäeutisch[31] hinterfragt.

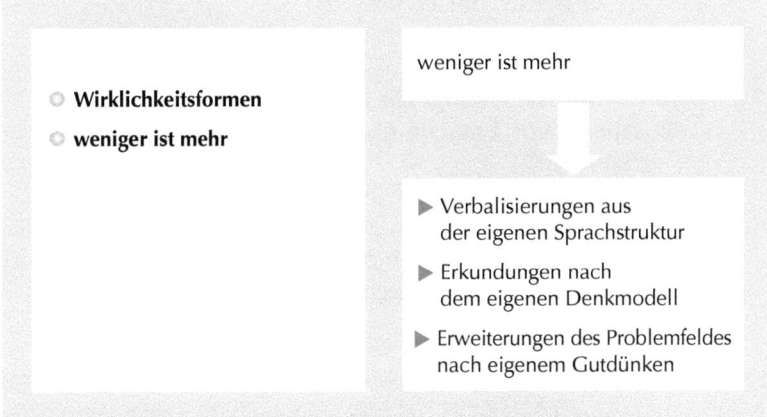

○ **Wirklichkeitsformen**
○ **weniger ist mehr**

weniger ist mehr

▶ Verbalisierungen aus der eigenen Sprachstruktur
▶ Erkundungen nach dem eigenen Denkmodell
▶ Erweiterungen des Problemfeldes nach eigenem Gutdünken

31 Vgl. Kap. 2.5.

2.6.3 Ausnahme von der Regel

Die Geschichte der Kopplung von Verstörungen im geschlossenen System zweier Personen erhält eine besondere Drift, wenn eine Ausnahme zum Regelfall erkundet wird.

◉ Aus der Sicht des Kreisens im Konfliktkarussell erscheint „alles immer gleich". Die Frage der beratenden Person, ob es trotz dieser generellen Wahrnehmung „einmal anders" war, verstört die gedankliche Generalisierung der ratsuchenden Person.

Beispiel:

R: „Ich kann sagen, was ich will, es nützt nichts!"
S: „Wann war es einmal anders, vielleicht nur ein einziges Mal?"

Oder:

R: „Es ist immer gleich: Mein Mann kommt nach Hause, holt sich sein Bier und knallt sich in den Sessel."
S: „An welchem Tag war es mal anders?"

◉ Vorurteile, „feste" Meinungen oder Überzeugungen oder stillschweigend als allgemein gültig und anerkannte Annahmen der ratsuchenden Person werden durch (maßlos) überziehendes Übertreiben der beratenden Person in ihren Grundfesten verstört.

Beispiel:

R: „Meine Frau ist fernsehsüchtig!"
S: „Wie süchtig: Rund um die Uhr, vom frühen Morgen bis tief in die Nacht: nur Fernsehen?"

Oder:

R: „Mein Mann hängt am Internet!"
S: „Ihr Mann braucht nur noch das Internet, um leben zu können?"

◉ Die zum Bestand von Regeln gehörenden Ausnahmen sind der ratsuchenden Person sehr wohl bekannt, werden von ihr jedoch oft erst „zugelassen", wenn die beratende Person diese an die Oberfläche lockt.

Beispiel:

R: „Mir fällt dann nie etwas Gescheites ein."
S: „Außer wenn, …?"

Oder:

R: „Wenn wir nichts Gemeinsames unternehmen, fällt mir die
   Decke auf den Kopf."
S: „Welche Ausnahme gibt es von dieser Regel?"

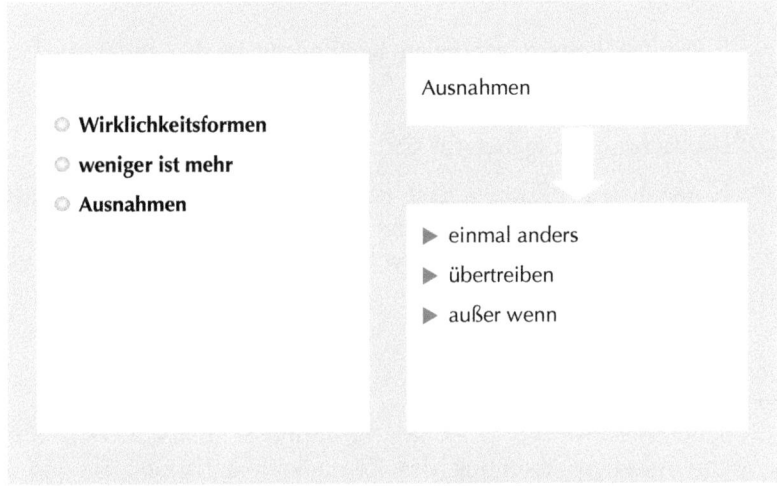

Ausnahmen

○ **Wirklichkeitsformen**

○ **weniger ist mehr**

○ **Ausnahmen**

▶ einmal anders

▶ übertreiben

▶ außer wenn

2.6.4 Zum Training

✎ Schriftliche Übungen zum Umwandeln des Konjunktivs:
   Jede/r erstellt eine Liste von 3–5 für sie/ihn typischen „würde"-
„könnte"-Sätzen, vergleicht diese mit den andern, und alle versuchen
zu erfassen, was eintritt, wenn diese Sätze in den Indikativ Präsens
bzw. Indikativ Futur umgesetzt werden.
   Jede/r ergänzt die fehlenden Sätze von S in dem folgenden Verbatim und vergleicht seine Formulierungen dann mit den andern.

S. geht die Treppe hinunter.
R1: Dürfte ich Sie mal was fragen?
S2:
R2: Würden Sie eigentlich auch für uns Mitarbeiter Zeit haben?
S2:
R3: Ich würde Sie gerne mal sprechen (hat Tränen in den
    Augen).
S3:
R4: Manchmal würde ich gern alles hinschmeißen ….
S4:

◌ Training in Dreiergruppen

Trainingsanleitungen:

R bemüht sich, fast ausschließlich im Konjunktiv zu reden, achtet zugleich darauf, was die Umwandlung in den Indikativ für R bewirkt.

S wandelt konsequent jeden Konjunktiv in den Indikativ Präsens oder Futur um und versucht, Ausnahmen zu erkunden.

✐ Beobachtungsaufgaben für C:

Nonverbale Reaktionen nach der Umwandlung in den Indikativ bei R und S genau beobachten und notieren.
Bei der Auswertung das Beobachtete einbringen.

Spielanleitungen für R

F
Schwester Else (45 J.) ist lang bewährte Stationsschwester auf der chirurgischen Abteilung des Zentralkrankenhauses. Sie hat zwei kurze, unglückliche Ehen hinter sich (beide Männer waren Alkoholiker).Sie ist kinderlos. Schwester Else ist für alle da und alle wenden sich an sie. Seit einiger Zeit hat sie eine Beziehung zu einem Oberarzt der Klinik, der verheiratet ist und drei Kinder hat. Die „Begegnungen" finden ausschließlich in der Klinik statt.
    S läuft Schwester Else über den Weg. Es ist gerade nicht besonders viel zu tun und niemand sonst auf dem Flur. Schwester Else grüßt freundlich, sucht den Blickkontakt, und als sie ihn findet, sagt sie:
    „Ich würde ja gern mal mit Ihnen reden …"

M
Martin Elsner (45 J.) ist lang bewährter Pflegedienstleiter auf der chirurgischen Abteilung des Zentralkrankenhauses. Er hat zwei kurze, unglückliche Ehen hinter sich (beide Frauen waren Alkoholikerinnen). Er ist kinderlos. Martin Elsner ist für alle da und alle wenden sich an ihn. Seit einiger Zeit hat er eine Beziehung zu einer Oberärztin der Klinik, die verheiratet ist und drei Kinder hat. Die „Begegnungen" finden ausschließlich in der Klinik statt.
    S läuft Martin Elsner über den Weg. Es ist gerade nicht besonders viel zu tun und niemand sonst auf dem Flur. Martin Elsner grüßt freundlich, sucht den Blickkontakt, und als er ihn findet, sagt er:
    „Ich würde ja gern mal mit Ihnen reden …"

✳✳✳✳

F

In einem Krankenhaus wird die Stelle der Leiterin der Krankengymnastik-Abteilung frei; die Vorgängerin geht in Ruhestand. Frau Handt, die S seit langem kennt (Frau Handt arbeitet seit vielen Jahren auf Honorarbasis als Ergotherapeutin/Krankengymnastin im geriatrischen Pflegeheim, das zum Krankenhaus gehört), wendet sich auf dem Flur ganz unvermittelt an S:

„Kann ich Sie mal sprechen? – Nicht hier, unten in meinen Praxisräumen?"

Dort dann:

„Sie wissen ja, die Leiterinnenstelle wird frei. Ich würde Interesse dran haben, weiß aber nicht, wie ich mich verhalten sollte. Wissen Sie, Herr X und Herr Y (Heimleiter) mögen mich nicht. Ich glaube aber, dass die Stelle etwas für mich wäre."

M

In einem Krankenhaus wird die Stelle des Leiters der Krankengymnastik-Abteilung frei; der Vorgänger geht in Ruhestand. Herr Handt, den S seit langem kennt (Herr Handt arbeitet seit vielen Jahren auf Honorarbasis als Ergotherapeut/Krankengymnast im geriatrischen Pflegeheim, das zum Krankenhaus gehört), wendet sich auf dem Flur ganz unvermittelt an S:

„Kann ich Sie mal sprechen? – Nicht hier, unten in meinen Praxisräumen?"

Dort dann:

„Sie wissen ja, die Leiterstelle wird frei. Ich würde Interesse dran haben, weiß aber nicht, wie ich mich verhalten sollte. Wissen Sie, Herr X und Herr Y (Heimleiter) mögen mich nicht. Ich glaube aber, dass die Stelle etwas für mich wäre."

✳✳✳✳

F

Eine Frau (F), ca. 50 Jahre alt, sucht S während des Kirchentages in der Seelsorgeecke auf:

F: *„Ich weiß nicht, ob ich hier richtig bin – Ich brauche jemand, der mir zuhört – Mein Mann ist vor sechs Wochen gestorben. Er war mir im Glauben voraus. Und so lebensbejahend. Ich würde so gern glauben können wie er…"*

M

Ein Mann (M), ca. 55 Jahre alt, sucht S während des Kirchentages in der Seelsorgeecke auf:

M: *„Ich weiß nicht, ob ich hier richtig bin – Ich brauche jemand, der mir zuhört – Meine Frau ist vor sechs Wochen gestorben. Sie war mir im Glauben voraus. Und so lebensbejahend. Ich würde so gern glauben können wie sie …"*

✳✳✳✳

F

Frau Kant, als Seelsorgerin in derselben Klinik tätig, hat sich mit S zu einem Gespräch verabredet:

„Schön, dass Du mal Zeit für mich hast. Ich möchte mal in Ruhe über meine Arbeit in der Klinik mit Dir sprechen. Ich habe mehr und mehr den Eindruck, dass ich gern meine Arbeit hier tun darf, solange sie nicht bestehende Strukturen tangiert. Zum Beispiel: Ohne irgendwelche Diskussionen legt der Psychologe in der Team-sitzung eine seiner Veranstaltungen genau in meine Gottesdienstzeit …"

M

Herr Kant, als Seelsorger in derselben Klinik tätig, hat sich mit S zu einem Gespräch verabredet:

„Schön, dass Du mal Zeit für mich hast. Ich möchte mal in Ruhe über meine Arbeit in der Klinik mit Dir sprechen. Ich habe mehr und mehr den Eindruck, dass ich gern meine Arbeit hier tun darf, solange sie nicht bestehende Strukturen tangiert. Zum Beispiel: Ohne irgendwelche Diskussionen legt der Psychologe in der Team-sitzung eine seiner Veranstaltungen genau in meine Gottesdienstzeit …"

✳✳✳✳

F

Frau Peters spricht S auf der Straße an:

„Frau/Herr S, haben Sie den Fernsehgottesdienst letzten Sonntag gesehen, da durfte man anrufen und sein eigenes Gebetsanliegen sagen. Das wurde dann im Fürbittengebet aufgenommen. Ich hab mich nicht getraut, aber das hat mich sehr bewegt …"

M

Herr Peters spricht S auf der Straße an:

„Frau/Herr S, haben Sie den Fernsehgottesdienst letzten Sonntag gesehen, da durfte man anrufen und sein eigenes Gebetsanliegen sagen. Das wurde dann im Fürbittengebet aufgenommen. Ich hab mich nicht getraut, aber das hat mich sehr bewegt …"

2.7 beschleunigen – entschleunigen

Das Kurzgespräch wird in seiner Entwicklungsgeschwindigkeit von dem Wechsel zwischen den Tempi Allegro und Andante bestimmt.

Einige methodische Schritte beschleunigen das Tempo, indem sie direkt und ohne Umschweife zielorientiert vorgehen, andere entschleunigen, um beiden die Gelegenheit zu geben, ruhig und gelassen aus der Mitte ihrer Möglichkeiten zu agieren.

Dieses Kapitel will dazu anleiten, sich über das angebrachte Tempo und den Tempowechsel im Kurzgespräch bewusst zu werden und das Be- und Entschleunigen zu erproben.

Lohse, Kurzgespräch, 87ff[32]

2.7.1 beschleunigen

Wenn sich das Tempo im Kurzgespräch beschleunigt, dann ist diese Akzeleration nicht absichtlich und zu einem bestimmten Zweck von der beratenden Person eingeführt worden, sondern das Tempo Allegro ist der Geschwindigkeit des kommunikativen Anschlusses angemessen.

◉ Dadurch, dass die beratende Person sich im Kurzgespräch auf das von der ratsuchenden Person benannte Anliegen beschränkt, werden Ab- und Seiten- und Umwege (weitgehend) vermieden mit der Folge, dass beide den direkten und damit schnellen Weg aus dem Konfliktkarussell finden.

    Beispiele:

    R: „Ich möchte mal etwas mit Ihnen besprechen."
    S: „Worüber genau möchten Sie mit mir sprechen."
        Statt: „Bitte, fangen Sie an, ich höre Ihnen zu."
    Alle möglichen Seitenwege werden ausgeschlossen.

---

32 Kap. 2.5, 83ff.

Oder:

R: „Das mit meinen Eltern – das ist eine lange Geschichte."
S: „An welchem Punkt dieser Geschichte stehen Sie jetzt?"
    Statt: „Erzählen Sie mir von dieser Geschichte."
Verschlungene Pfade der Vergangenheit bleiben liegen, der Blick
richtet sich von Jetzt in die Zukunft.

Dadurch, dass die beratende Person im Kurzgespräch zielgerichtet
daran arbeitet, die symmetrisch-solidarische Achse[33] zu erreichen,
wird die ratsuchende Person sogleich dazu angehalten, an und für
sich selber zu „arbeiten", um aus dem Dilemma herauszufinden.

Beispiele:

R: „Mir müsste mal einer sagen, wie man das macht."
S: „Was haben Sie mir zu sagen über das, was Sie machen wollen?"
    Statt: „Sie wünschen sich die Anweisung eines anderen?"
R wird als gleichwertiger Partner im „Sichberaten" ernst genom-
men.

Oder:

R: „Wenn das nicht aufhört, bringe ich mich um."
S: „Was genau bringt Sie um?"
    Statt: „Was müsste denn geschehen, dass das aufhört?"
S lädt R ein, sich „erwachsen" zu äußern.

Dadurch, dass die beratende Person eine Veränderung des Status quo
der ratsuchenden Person durch eine in der Zukunft angesiedelte
„Als-ob-Fiktion"[34] anstößt und diese Fantasiereise durch ihr Feed-
back auf zukünftig zu erbringende Leistungen oder eintretende
Fakten verstärkt[35], steigert sich das Tempo von Intervention zu
Intervention.

Beispiel:

R: „Ich setze große Hoffnungen in diese Bewerbung."
S: „Angenommen, Sie werden genommen, was wird Ihr erster
    Schritt sein?"
R: „Ich suche mir eine neue Wohnung."

33 Vgl. Kap. 1.2.
34 Vgl. Kap. 2.11.
35 Das sog. „Feedforward", vgl. Lohse, Kurzgespräch, 89.

S: „Und dann –?"
R: „Dann kaufe ich mir neue Klamotten."
S: „Und dann –?"
R: „Dann, dann steht ein Besuch bei meinen Eltern an."
S: „Und dann – ?"

Dieses Feedforward wird solange von S fortgesetzt, bis R in etwa
sagt:
R: „Das ist doch schon mal was!"

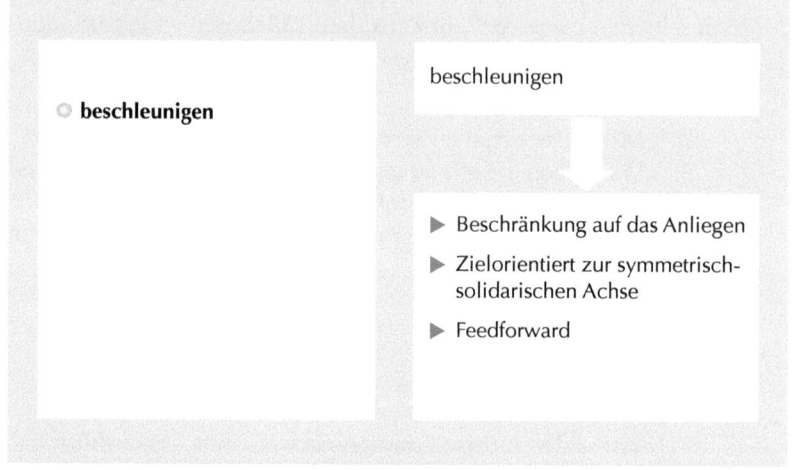

beschleunigen

beschleunigen

▶ Beschränkung auf das Anliegen
▶ Zielorientiert zur symmetrisch-
  solidarischen Achse
▶ Feedforward

2.7.2 entschleunigen

Wenn sich das Tempo im Kurzgespräch entschleunigt, dann ist diese
Dezeleration absichtlich und zu einem bestimmten Zweck von der beratenden Person eingeführt worden: die ratsuchende Person wird durch das
Tempo Andante eingeladen, zu entspannen, zu Ruhe und Gelassenheit
zu kommen, um ihre Kraft überlegt und gebündelt für ihr Fortschreiten
einzusetzen.

◉ Die beratende Person achtet in jedem Fall darauf, ihre erste Intervention nach einer für ihr Denken angemessenen Pause einzubringen[36],
  nicht nur, weil sie diese Zeit braucht, um ihrer kybernetischen Funktion im Kurzgespräch gerecht zu werden, sondern weil sie der ratsuchenden Person damit zugleich vermittelt: In dieser Entschleuni-
  gung ruhen die Chancen, aus dem Kreisen herauszukommen.

36 Vgl. Kap. 1.2 und 1.3.

☺ Beispiel:

Eine Frau berichtet ausführlich, ohne sich zu unterbrechen, und mit hektisch hoher Stimme, wie es sich im einzelnen abgespielt hat, dass es zu einem unversöhnlichen Zerwürfnis zwischen ihr und ihrer langjährigen Freundin gekommen ist.

S entscheidet sich bewusst, sie gänzlich ausreden zulassen, bis sie gleichsam alle Luft abgelassen hat. Und als die Frau geendet hat, nimmt S sich wiederum bewusst nochmals zehn bis fünfzehn Sekunden Zeit, ehe S ruhig und bedächtig etwa sagt:

S: „Mit welchem Faden lässt sich dieses Knäuel entwirren?"

👁 Der Wille zu Ruhe ist trotz der bemessenen Zeit eine durchtragende Grundhaltung der beratenden Person, die die ratsuchende Person aus ihrer oft übersteigerten Bereitschaft, das Problem jetzt endlich und gründlich anzugehen, auf das für sie hilfreiche Arbeitstempo zurückbringt.

☺ Beispiele:

R: „Jetzt muss endlich eine Entscheidung her!"
S: „Wie kommen Sie zu einer Entscheidung ohne Druck?"
S verwandelt das „muss" in einen ruhig überlegten Prozess.

Oder:

R: „Lieber es nimmt ein Ende mit Schrecken als ein Schrecken ohne Ende!"
S: „Was nimmt dem Ende den Schrecken?"
S übernimmt die Wörter von R, sortiert diese jedoch zu einer Überlegung, der mit Ruhe nachgegangen werden kann.

👁 Dem Mut der beratenden Person, sich dem Tiefenanliegen der ratsuchenden Person zu stellen, korrespondiert die daraus folgende Gelassenheit der ratsuchenden Person, sich bedächtig und geduldig (und nicht hektisch und nervös) ihren Abgründen zu nähern.

☺ Beispiel:

R: „Ich mache mir Sorgen um meinen Mann, der hat keinen Appetit mehr, isst schlecht, schläft nur ein paar Stunden, dann steht er auf, läuft rum, legt sich wieder hin; er ist nervös und gereizt, wenn ich ihn darauf anspreche. Am liebsten ist er für sich allein."
S: „Was besorgt Sie darüber hinaus, Frau R?"

R: „Ich glaube, mein Mann ist schwer krank. Ich glaube, er hat Krebs. Er redet nicht mit mir darüber. Es fing an, als er beim Arzt zur Darmuntersuchung war."

S: „Wie reden Sie mit Ihrem Mann, wenn Sie es wissen, dass er schwer krank ist, Krebs hat?"

R: „Anders, ganz anders als jetzt. Vielleicht auch gar nicht. Einfach nur still bei ihm sein, warten, was er will."

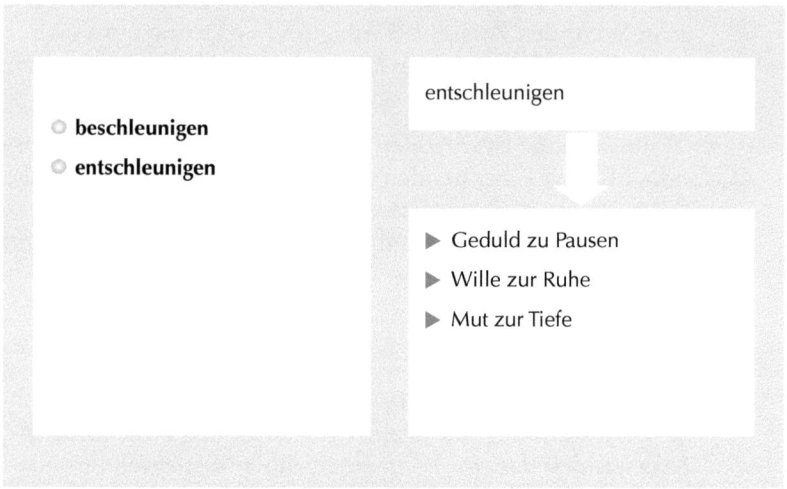

2.7.3 Zum Training

Training in Dreiergruppen

Trainingsanleitungen:

Anders als sonst eine Übung zum Thema
„Reden ist Silber, Schweigen ist Gold":
Jede/r übernimmt einmal die Rolle von R und trägt ein Anliegen vor. Wer in der Rolle von S ist, versucht, solange wie möglich zu schweigen, dabei jedoch R aufmerksam zugewandt zu sein. Während des Schweigens überlegt S sich, wie die erste Intervention tempomäßig gestaltet sein sollte, und versucht dann, dieses umzusetzen.
C notiert ihre/seine Beobachtungen zum Tempo von R.

Nach der Aussprache wechseln die Rollen.

F

S trifft Frau Wilke, Reinigungskraft im Gemeindehaus, und bleibt unwillkürlich stehen, weil irgendetwas mit Frau Wilke nicht zu stimmen scheint.

Aus Frau Wilke bricht es dann auch unmittelbar hervor:

„Mein Gott, ich stehe noch unter Schock. Meine Freundin aus dem Tanzklub wollte am 7. Juni heiraten. Und dann kommt sie nach Hause und findet ihren „Mann" tot im Sessel! Und die ist gar nicht abgesichert. Stellen Sie sich vor, die haben gerade ein altes Haus gekauft, was sie renovieren wollten ..."

M

S trifft Herrn Wilke, Hausmeister im Gemeindehaus, und bleibt unwillkürlich stehen, weil irgendetwas mit Herrn Wilke nicht zu stimmen scheint.

Aus Herrn Wilke bricht es dann auch unmittelbar hervor:

„Mein Gott, ich stehe noch unter Schock. Unsere Freundin aus dem Tanzklub wollte am 7. Juni heiraten. Und dann kommt sie nach Hause und findet ihren „Mann" tot im Sessel! Und die ist gar nicht abgesichert. Stellen Sie sich vor, die haben gerade ein altes Haus gekauft, was sie renovieren wollten ..."

✳✳✳✳

F

Zur Cityseelsorge kommt eine „gestandene" Frau, Mitte 50, und sieht S, nachdem sie sich gesetzt haben, ratlos und hilfesuchend an:

„Ich weiß nicht, wie es weitergehen soll. Ich habe eine kleine Firma, von den Eltern geerbt, aber seit 7 Jahren wirft sie nicht mehr viel ab. Ich arbeite, soviel ich kann. Aber abgesehen von ein paar Hoffnungsschimmern tut sich nichts. Ich habe Angst, dass wir unser kleines Häuschen nicht halten können. Dieses Jahr feiern wir Silberhochzeit, aber eine große Feier ist nicht drin. Und mein Mann ahnt von alledem nichts ..."

M

Zur Cityseelsorge kommt ein „stattlicher" Mann, Mitte 50, und sieht S, nachdem sie sich gesetzt haben, ratlos und hilfesuchend an:

„Ich weiß nicht, wie es weitergehen soll. Ich habe eine kleine Firma, von den Eltern geerbt, aber seit 7 Jahren wirft sie nicht mehr viel ab. Ich arbeite, soviel ich kann. Aber abgesehen von ein paar Hoffnungsschimmern tut sich nichts. Ich habe Angst, dass wir unser

kleines Häuschen nicht halten können. Dieses Jahr feiern wir Silber-hochzeit, aber eine große Feier ist nicht drin. Und meine Frau ahnt von alledem nichts ..."

F

Gespräch mit einer Freundin, der es seit einem Jahr nicht gut geht; sie quält sich mit Zweifeln und Ängsten, leidet auch an körper-lichen Symptomen (Herzrasen, geschwollene Hände). Auf ärzt-liches Anraten hat sie zunächst eine Therapie begonnen, ist dann in eine psychosomatische Klinik eingewiesen worden, jetzt das erste Gespräch danach:

„Ich weiß nicht, was mit mir los ist. Ich fühle mich oft zu schwach. Ich traue mir viele Sachen nicht so richtig zu. Ich mache mir über alles Mögliche Gedanken. Kann mich nicht richtig entscheiden ..."

M

Gespräch mit einem Freund, dem es seit einem Jahr nicht gut geht; er quält sich mit Zweifeln und Ängsten, leidet auch an körperlichen Symptomen (Herzrasen, geschwollene Hände). Auf ärztliches An-raten hat er zunächst eine Therapie begonnen, ist dann in eine psychosomatische Klinik eingewiesen worden, jetzt das erste Gespräch danach:

„Ich weiß nicht, was mit mir los ist. Ich fühle mich oft zu schwach. Ich traue mir viele Sachen nicht so richtig zu. Ich mache mir über alles Mögliche Gedanken. Kann mich nicht richtig entscheiden ..."

✳✳✳✳

F

Eine Mitarbeiterin des Krankenhauses, Frau Arndt, die S schon länger kennt, hat S um ein Gespräch gebeten.

Kaum dass sie Platz genommen hat, bricht es unter Tränen aus ihr heraus:

„Wenn ich das Elend auf der Station sehe, das Leiden, die Hoffnungslosigkeit, das Nicht-Sterben-Können, dann zweifle ich, dass es einen Gott gibt. Und wenn, warum lässt er diese Leiden und Qualen zu?"

M

Ein Mitarbeiter des Krankenhauses, Herr Arndt, den S schon länger kennt, hat S um ein Gespräch gebeten.

Kaum dass er Platz genommen hat, bricht es unter mühsam unterdrückten Tränen aus ihm heraus:

„Wenn ich das Elend auf der Station sehe, das Leiden, die Hoffnungslosigkeit, das Nicht-Sterben-Können, dann zweifle ich, dass es einen Gott gibt. Und wenn, warum lässt er diese Leiden und Qualen zu?"

2.8 erzählen

Das Erzählen von Geschichten, der Gebrauch von Bildern, Metaphern und Symbolen möchte mehr aussagen als in der Objektsprache möglich und dem logisch-analytischen Verstehen zugänglich ist.

Über funktionale analoge Impulse können neue Verstehensräume anders und meist schneller erfasst und begriffen werden.

Dieses Kapitel will dazu anleiten, sich funktionaler analoger Impulse bewusst zu werden und ihre Anwendung im Kurzgespräch zu erproben.

Lohse, Kurzgespräch, 94ff[37]

Caviola, In Bildern sprechen[38]

Coenen, Analogie[39]

Doppelfeld, Symbole[40]

2.8.1 Analoge Impulse

Mit analogen Impulsen im Zusammenhang des Kurzgesprächs sind Sprach- und Redeformen gemeint, die nicht aus der linken Hirnhälfte mit ihrem analytisch-logischen Denken und Sprachzentrum stammen, sondern aus der rechten Hirnhälfte heraus bildlich assoziativ mehrgliedrige sprachliche Gebilde zum Verstehen einer Gegebenheit anbieten.

Die linke Hirnhälfte verarbeitet eine Information nach der anderen in logischer Folge, nimmt präzise einzelne Details wahr, rechnet, prüft, steuert mit Verstand Schritt für Schritt Reden und Handeln.

---

37 Kap. 2.6, 90.
38 Caviloa, Hugo, In Bildern sprechen: Wie Metaphern unser Denken leiten. Materialien zur fächerübergreifenden Sprachreflexion, Bern, 2003.
39 Coenen, Hans Georg, Analogie und Metapher. Grundlegung einer Theorie der bildlichen Rede, Berlin/New York, 2002.
40 Doppelfeld, Basilius OSB, Symbole I-IV, Münsterschwarzach, 1992.

Die rechte Hirnhälfte denkt ganzheitlich in Bildern, sucht assoziativ den Blick über alles, ist neugierig verspielt, spontan sprunghaft, jedoch mit einem sicheren Gefühl für Raum, Nähe und Distanz und will kreativ sein.

☺ Als kybernetische Funktion im kommunikativen Anschluss kommt es der beratenden Person zu, die rechte Hirnhälfte der ratsuchenden Person anzuregen, damit diese ihr kreatives, assoziatives, intuitives, neugieriges, spielerisches Potential zur Lösung ihrer Blockade nutzt.

Beispiel:

R: „Ich ertappe mich immer wieder dabei, wie ich mir alles im Einzelnen genau durchrechne: ob das Geld reicht, wie das mit der Wohnung wird, ob wir uns über die Besuchsregelung einigen werden, wie die Kinder mit der anderen Frau klarkommen, ob ich wieder Arbeit finde …"
S (digital): „Und zu welchem Ergebnis kommen Sie?"
S (analog): „Wie ein Tiger vor den Gittern seines Käfigs …"

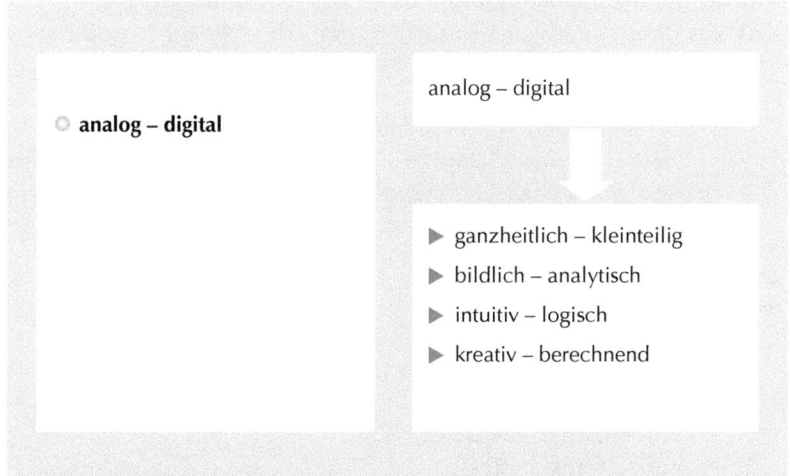

analog – digital

analog – digital

▶ ganzheitlich – kleinteilig
▶ bildlich – analytisch
▶ intuitiv – logisch
▶ kreativ – berechnend

🗩 Kollegiale Aussprache

Wann bevorzuge ich das digitale, wann das analoge Denken und Reden?
Wie spüre ich körperlich, ob ich digital oder analog denke und rede?
Jede/r denkt sich ein Beispiel nach dem obigen Vorbild aus und präsentiert es den anderen: A → B, B gibt A eine digitale und eine analoge Antwort, C beobachtet die nonverbalen Reaktionen bei A usw.

2.8.2 Bilder, Metaphern, Symbole

Bilder veranschaulichen eine digital erfasste Situation in einem analogen Vergleich.

Beispiele:

„… *wie* eine Axt im Walde"
„… empfindlich *wie* eine Mimose"
„Wie ein Fisch im Wasser …"
„Wie die Sonne hinter den Wolken …"
„… wie ein „Drücker" an der Tür"
„… wie das „Amen" in der Kirche"

Mit dem Vergleichspartikel „wie" wird eine real existierende Gegebenheit als veranschaulichendes Bild auf einen Vorgang oder Zustand bezogen, um die intuitive Hirnhälfte zu reizen, neue Ideen zu „produzieren".

Bei *Metaphern* werden getrennte Sinnbereiche durch einen Ersatzausdruck kreativ in einen Verstehenszusammenhang gerückt, indem der eine im Licht des andern intuitiv verständlich wird. Der kommunikative Sinn ist nicht allgemein gültig oder erkennbar, sondern ergibt sich dabei stets aus dem situativen Kontext, in dem die Metapher geäußert wird.

Beispiele:

„Sie sehen den Wald vor lauter Bäumen nicht."
Diese stehende Metapher wird in ihrem weitergehenden assoziativen Sinngehalt erst aus der Äußerungssituation erfasst, in der sie zur wechselseitigen Verständigung eingesetzt wurde. Dasselbe gilt für die folgenden Metaphern:

„leeres Stroh dreschen"
„vor einer Mauer des Schweigens stehen"
„der Himmel hängt voller Geigen"
„das Tal der Tränen"
„eine frostige Nachricht"
„auf Rosen gebettet"

Die Stärke einer Metapher besteht darin, dass mit ihr „mehr" ausgesagt wird als durch das aus seinem ursprünglichen Zusammenhang herausgenommene und im neuen Kontext verwendete Wortgebilde; dieses „mehr" lässt sich nur intuitiv-assoziativ als Erleuchtung und niemals in einer digitalisierten Sprachgrammatik als logisches Resultat erfassen.

Symbole sind Wortbegriffe und Zeichen(-handlungen), die über sich selbst hinausweisen; sie sind gefüllt mit Menschheitserfahrung und

Lebensweisheit, verwahrt wie ein Schatz im allgemeinen Unbewussten und assoziativ zugänglich, kaum dass sie benannt werden.

Beispiele:

aus der Schöpfung: Erde, Wasser, Feuer, Luft, Baum, Blume, etc.;
aus den Zeiten: Tag, Nacht, Abend, Morgen, Licht, Sommer, etc.;
von Tieren: Adler, Ameise, Biene, Frosch, Taube, Wolf, Schaf, etc.;
vom Menschen: Herz, Hand, Mund, Auge, Zunge, Ohr, Blut, etc.;
von der Behausung: Tür, Stufe, Leiter, Garten, Brunnen, Brücke, etc.;
von der Nahrung: Wasser, Brot, Wein, Milch, Butter, Korn, etc.;
aus der Religion: Taufe, Mahl, Kreuz, Segen, Handauflegung etc.

Symbole erreichen den Menschen über die rechte Hirnhälfte und erwecken in ihm ein tiefes Gefühl von Verstehen und Verstandenwerden.

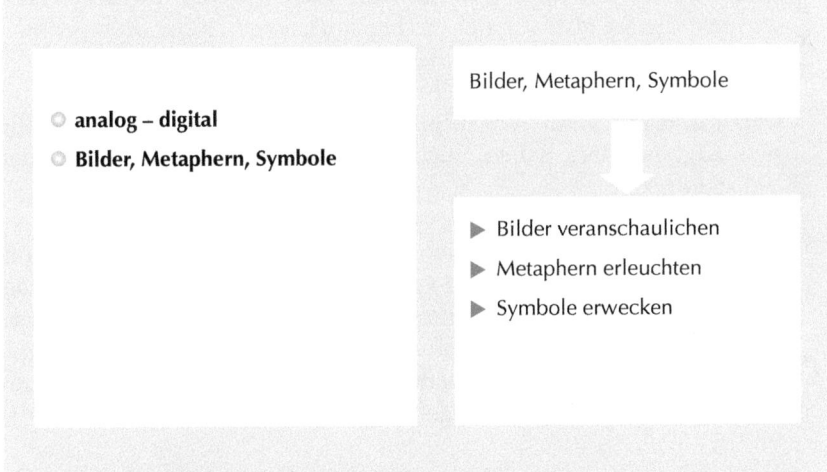

○ **analog – digital**
○ **Bilder, Metaphern, Symbole**

Bilder, Metaphern, Symbole

▶ Bilder veranschaulichen
▶ Metaphern erleuchten
▶ Symbole erwecken

✎ Bitte schriftlich fixieren:

Wann ist das Reden in Bildern, Metaphern, Symbolen für mich hilfreich?
Wann stört es mich?
Wie häufig benutze ich diese Verständigungsform?

💬 Aussprache über die schriftlichen Notizen in der Kleingruppe.

2.8.3 Lebensthemen

In den Entwicklungsphasen und Lebensabschnitten beschäftigen Menschen sich mit „Themen", die für sie in dieser Zeit von besonderer Bedeutung sind. Erfahrungsgemäß kommt es zu einer Verknüpfung dieser Lebensthemen mit „allgemeinen Geschichten" ihres Lebensumfelds. Die folgende Übung sensibilisiert die beratende Person für das Wahrnehmen der lebensthematischen Geschichten der ratsuchenden Person:

Bitte notieren Sie kurz und auf das für Sie Wesentliche beschränkt schriftlich vier „Geschichten" aus folgenden Lebensabschnitten:

0–6 Jahre (Kindheit); 7–14 Jahre (Schulzeit); 15–21/25 Jahre (Jugendzeit); letztes Jahr.

Als „Geschichten" gelten Märchen, Gedichte, Lieder, Bücher, Filme, Theaterstücke etc., also „Werke", die nicht speziell für Sie verfasst wurden; die Sie aber für sich als beeindruckend erlebt, wahrgenommen, gelesen, gesehen, gehört haben.

Schreiben Sie die „Geschichten" so auf, wie diese für Sie wichtig waren und in Ihrem Gedächtnis haften; es geht um das, was Sie für sich abgespeichert haben, nicht um „objektive" Richtigkeit oder Vollständigkeit.

Werten Sie Ihre Lebensgeschichten in der Kleingruppe aus, indem B und C sich zunächst mit den Geschichten von A auseinandersetzen und auf das in jeder Geschichte erkennbare Lebensthema hin untersuchen und schriftlich festhalten; schließlich wird der Spannungsbogen und Wandel der Themen von der ersten bis zur letzten Geschichte erörtert. Danach geht es der Reihe nach weiter.

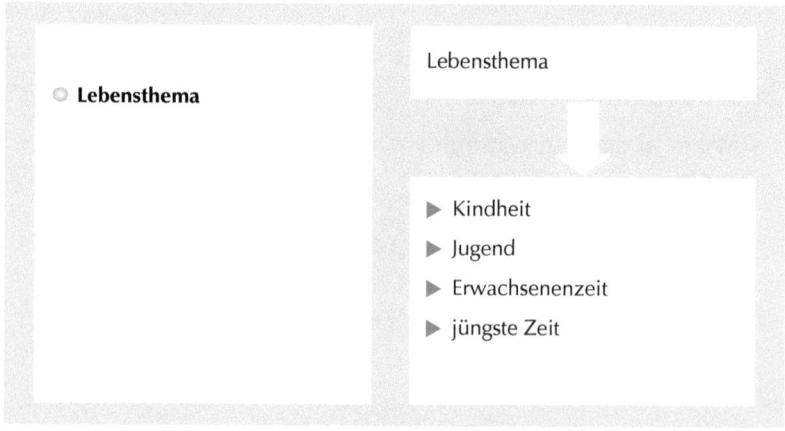

2.8.4 Biblische Lieblingsgeschichten

Seelsorger/innen fühlen sich, bisweilen schon von Kindheit an, von einzelnen biblischen Geschichten besonders angesprochen. Über das analoge Verstehen haben sie das Empfinden, dass in dieser Überlieferung etwas für sie zentral Wichtiges „ausgedrückt" wird.

Die folgende Übung dient der Erkundung dieser analogen Verstehensspur:

🖊 Bitte notieren Sie kurz und auf das für Sie Wesentliche beschränkt je drei biblische „Lieblingsgeschichten".

Es geht nicht um „objektive" oder „theologische" Richtigkeit oder Vollständigkeit, sondern um das, was Sie in diesen Geschichten besonders anspricht.

Geben Sie Ihren Lieblingsgeschichten eine eigene Überschrift.

💬 Erzählen Sie sich (nacheinander) in der Kleingruppe Ihre biblischen Lieblingsgeschichten so, dass das Ihnen darin wichtige Thema von den anderen „erkannt" wird. Üben Sie schon einmal, die Geschichte so kurz und knapp zu erzählen, dass Ihr Thema besonders deutlich herauskommt.

⬚ Aussprache in der Gesamtgruppe darüber, welche biblischen Lieblingsgeschichten benannt wurden mit welcher persönlichen thematischen Ausrichtung.

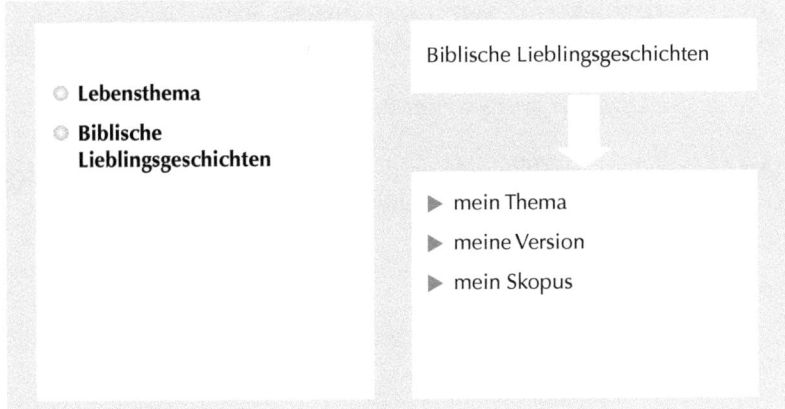

Biblische Lieblingsgeschichten

- Lebensthema
- Biblische Lieblingsgeschichten

▶ mein Thema
▶ meine Version
▶ mein Skopus

2.8.5 Strategisch erzählen

Das Kurzgespräch lebt davon, dass es zu einem zielorientierten Sichberaten kommt. Einen wesentlichen Beitrag dazu kann die beratende Person
leisten, wenn sie das analoge Verstehen durch Erzählen von (biblischen)
Geschichten stimuliert.

Beim Erzählen von Geschichten im Kurzgespräch ist jedoch darauf zu
achten, dass

1. die Geschichte zielstrebig auf das anstehende Thema hin und
2. ganzheitlich (nicht kleinteilig) inspirierend erzählt wird.

Um dieser Strategie[41] willen werden alle für das augenblicklich anstehende Thema unwesentlichen und „überflüssigen" Details weggelassen, auf
Vollständigkeit und textgetreues Ende verzichtet und die Geschichte auf
wenige Erzählzüge verkürzt.

> Beispiel:
>
> Ein junger Mann von zwanzig Jahren bittet den Gefängnisseel-
> sorger (GS) um ein Gespräch. Nach einem Einbruch ist er als
> einziger geschnappt worden.
>
> Im Sprechzimmer des GS sagt der Mann kein Wort, deutet
> wortlos nur immer wieder auf die Zigarettenschachtel des GS,
> um eine weitere Zigarette zu bekommen.
>
> Alle Gesprächsversuche des GS werden beschwiegen, bis auch
> GS schweigt.
>
> Als die Sprechzeit fast um ist, erzählt GS folgende Geschichte:
> „Jesus haben sie auch mal festgenommen. Als einzigen. Als er
> vorgeführt wird, sagt er kein einziges Wort."
>
> Langsam erhebt der Mann seinen Kopf, schaut GS ruhig an
> und sagt:
> „Und wie ging's weiter für ihn?"

Das Verhör Jesu vor Pilatus[42] wird auf drei Sätze „verkürzt", strategisch
erzählt orientiert es sich am anstehenden Thema.

---

41 Ursprüngliche Bedeutung: (ein Heer) eine Straße führen, hier entmilitarisiert gemeint.
42 Markusevangelium Kap. 15, 1ff.

○ **Lebensthema**

○ **Biblische Lieblingsgeschichten**

○ **Strategisches Erzählen**

▶ kurzer Spannungsbogen

▶ klarer Zielpunkt

▶ konzentrierte Aussage

Aussprachegruppe zum Thema: „strategischen Erzählen"

Freiheit und Grenzen des strategischen Erzählens: Inwieweit heiligt der Zweck die Mittel?

2.8.6 Zum Training

Training in Dreiergruppen

Trainingsanleitungen:

R achtet darauf, ob und wie sie das Bild, die Metapher, das Symbol erreicht/anspricht; wenn das der Fall ist, folgt R ihrer Intuition.

S überlegt mit viel Zeit, welches Bild, welche Metapher, welches Symbol wohl passen könnte, und bringt es ein. S hat mehrere Versuche (ohne Diskussion, Auswertung später!).

Beobachtungsaufgaben für C:

Welche Bilder, Metaphern, Symbole wurden von S eingebracht?
Wie beeinflussten Bilder, Metaphern, Symbole den kommunikativen Anschluss?
Wann und wodurch führte die „Bildsprache" zum kommunikativen Abbruch?

F

Anruf von Frau Körber:

„Erinnern Sie sich an mich? Sie haben sich doch so nett mit mir unterhalten nach dem Himmelfahrtsgottesdienst. Ihr Sohn ist da gar nicht von meiner Seite gewichen."

Dann Frau Körber:

„Ich brauche Ihren Rat. Wir haben ein Familiengrab auf dem A-Friedhof; dort sind Erdbestattungen jetzt ja nicht mehr zulässig, das wissen Sie doch. Ich will aber nicht verbrannt werden, und dann kann ich da nicht hin. Und nun habe ich Angst, dass ich von meinem Mann getrennt bin ..."

M

Anruf von Herrn Körber:

„Erinnern Sie sich an mich? Sie haben sich doch so nett mit mir unterhalten nach dem Himmelfahrtsgottesdienst. Ihr Sohn ist da gar nicht von meiner Seite gewichen."

Dann Herr Körber:

„Ich brauche Ihren Rat. Wir haben ein Familiengrab auf dem A-Friedhof; dort sind Erdbestattungen jetzt ja nicht mehr zulässig, das wissen Sie doch. Ich will aber nicht verbrannt werden, und dann kann ich da nicht hin. Und nun habe ich Angst, dass ich von meiner Frau getrennt bin ..."

✳✳✳✳

F

Frau Jöns ist in der vorigen Woche 76 Jahre alt geworden, lebt allein in einem kleinen Häuschen mit Garten am Neckar, pflegt diesen Garten liebevoll – ihr Ein und Alles, ist rüstig, hat mit der Kirche nichts im Sinn (obwohl nicht ausgetreten), macht sich nichts aus Geburtstagsfeiern. Als sie noch berufstätig war, ist sie viel herumgekommen.

Zum 75. Geburtstag stand S vergeblich an der Tür von Frau Jöns.

Es klingelt, in der Tür steht S, Frau Jöns ahnt sogleich den Anlass und poltert laut los:

„Frau/Herr S, damit Sie's gleich wissen, ich mach mir gar nichts aus Geburtstagsfeiern. Ich habe nie gefeiert, ich bin ja viel herumgekommen und meistens war ich an meinem Geburtstag nicht zu Hause."

Alles im Stehen zwischen Tür und Angel, vor der Brust verschränkte Arme, ironisches Lächeln in den Mundwinkeln.

Dann: *„Man ist doch mit 76 auf dem absteigenden Ast!"*

M

Herr Jöns ist in der vorigen Woche 76 Jahre alt geworden, lebt allein in einem kleinen Häuschen mit Garten am Neckar, pflegt diesen Garten liebevoll – sein Ein und Alles, ist rüstig, hat mit der Kirche nichts im Sinn (obwohl nicht ausgetreten), macht sich nichts aus Geburtstagsfeiern. Als er noch berufstätig war ist er viel herumgekommen.

Zum 75. Geburtstag stand S vergeblich an der Tür von Herrn Jöns.

Es klingelt, in der Tür steht S, Herr Jöns ahnt sogleich den Anlass und poltert laut los:

„Frau/Herr S, damit Sie's gleich wissen, ich mach mir gar nichts aus Geburtstagsfeiern. Ich habe nie gefeiert, ich bin ja viel herumgekommen und meistens war ich an meinem Geburtstag nicht zu Hause."

Alles im Stehen zwischen Tür und Angel, vor der Brust verschränkte Arme, ironisches Lächeln in den Mundwinkeln.

Dann: *„Man ist doch mit 76 auf dem absteigenden Ast!"*

✳✳✳✳

F

Vera, ehemalige Konfirmandin von S, Realschulabschluss mit Notendurchschnitt 3,7, findet keine Lehrstelle, genauer: die „Traumstelle" bleibt ihr wegen des schlechten Schulabschlusses versagt. Jetzt hängt Vera rum. Alle hängen Vera in den Ohren: Du musst was tun! Ja, aber bitte: was?

Vera sitzt auf dem Platz vor einem Einkaufszentrum auf der Rücklehne einer Bank und lässt den Kopf hängen. Es ist kurz vor den Sommerferien, später Vormittag.

„Meine Traumstelle krieg ich ja nicht …"

S entschließt sich, Vera anzusprechen:

M

Volker, ehemaliger Konfirmand von S, Realschulabschluss mit Notendurchschnitt 3,7, findet keine Lehrstelle, genauer: die „Traumstelle" bleibt ihm wegen des schlechten Schulabschlusses versagt. Jetzt hängt Volker rum. Alle hängen Volker in den Ohren: Du musst was tun! Ja, aber bitte: was?

Volker sitzt auf dem Platz vor einem Einkaufszentrum auf der Rücklehne einer Bank und lässt den Kopf hängen. Es ist kurz vor den Sommerferien, später Vormittag.

„Meine Traumstelle krieg ich ja nicht …"

S entschließt sich, Volker anzusprechen:

✳✳✳✳

F

Für Frau Dyber (Anfang 40, verheiratet, verwaiste Mutter) gibt es eine schwere Zeit im Jahr: die Tage vor Weihnachten. Da kommt es ihr immer wieder hoch: damals, am 22. Dezember vor zwölf Jahren, da hat sie ihr Kind verloren, keine zwei Jahre alt – ein Autounfall.

Wenn diese Zeit kommt, kann sie ihre Tränen kaum zurückhalten. Und sie ist froh, dass dann die Tage kommen, wo jeder mit sich beschäftigt ist und sie niemandem zu begegnen braucht …

Auf der Straße trifft sie auf S, der damals ihre Tochter beerdigt hat, und wird von S angesprochen.

M

Für Herrn Dyber (Anfang 40, verheiratet, verwaister Vater) gibt es eine schwere Zeit im Jahr: die Tage vor Weihnachten. Da kommt es ihm immer wieder hoch: damals, am 22. Dezember vor zwölf Jahren, da hat er sein Kind verloren, keine zwei Jahre alt – ein Autounfall.

Wenn diese Zeit kommt, kann er seine Tränen kaum zurückhalten. Und er ist froh, dass dann die Tage kommen, wo jeder mit sich beschäftigt ist und er niemandem zu begegnen braucht …

Auf der Straße trifft er auf S, der damals seine Tochter beerdigt hat, und wird von S angesprochen.

Training in Dreiergruppen

Andere Durchführung als üblich:

1. Schritt: Alle drei bedenken für sich den Fall und denken sich eine „passende" Geschichte dazu aus.
2. Schritt: nacheinander werden die Geschichten jeweils einer neuen Person R erzählt; dabei wird R einen Augenblick lang Zeit gewährt, um sich in die Rolle einzufühlen.

C achtet hauptsächlich auf alle nonverbalen Regungen bei R.

3. Schritt: Auswertungsgespräch:
Wie hat dich (R) die Geschichte erreicht?
Was hat die Geschichte mit dir (R) gemacht?
In welche „Drift"[43] hat die Geschichte dich (R) gebracht?

---

43 Vgl. Kap. 2.1.

Spielanleitungen für R

F

Frau Schmidt, 90 J., schon lange verwitwet, muss sich nach Oberschenkelhalsfraktur neu orientieren. Nach der Krankenhausentlassung war sie für zwei Wochen bei ihrer Schwester, das ist jedoch keine Dauerlösung.

Kontakte zur Familie des Sohnes sind selten und oft unbefriedigend; auch hat der Sohn keinen ausreichenden Wohnraum, um dorthin zu ziehen. Der Sohn möchte sie in einem Altenheim seines Wohnortes unterbringen.

S macht einen Hausbesuch (noch in der Wohnung der Schwester) anlässlich des 90. Geburtstages; im Laufe des Gesprächs sagt Frau Schmidt:

„Jung und Alt verstehen einander nicht."
„Es ist alles nicht mehr wie früher."
„Auch die Gottesdienste im Fernsehen sind oft so modern, nichts für uns Alte."
„Das ist uns alles nicht mehr vertraut."

M

Herr Schmidt, 90 J., schon lange verwitwet, muss sich nach Oberschenkelhalsfraktur neu orientieren. Nach der Krankenhausentlassung war er für zwei Wochen bei seiner Schwester, das ist jedoch keine Dauerlösung.

Kontakte zur Familie des Sohnes sind selten und oft unbefriedigend; auch hat der Sohn keinen ausreichenden Wohnraum, um dorthin zu ziehen. Der Sohn möchte ihn in einem Altenheim seines Wohnortes unterbringen.

S macht einen Hausbesuch (noch in der Wohnung der Schwester) anlässlich des 90. Geburtstages; im Laufe des Gesprächs sagt Herr Schmidt:

„Jung und Alt verstehen einander nicht."
„Es ist alles nicht mehr wie früher."
„Auch die Gottesdienste im Fernsehen sind oft so modern, nichts für uns Alte."
„Das ist uns alles nicht mehr vertraut."

✳✳✳✳

F

Frau Marwede nimmt an einem Treffen Alleinerziehender im Gemeindehaus teil, die mit S den Terminplan für ihre weiteren Treffen im Gemeindehaus abstimmen möchten. Nachdem alles geklärt ist, passt Frau Marwede S (den sie seit der Trauerfeier für ihren Mann kennt und duzt) ab, um S ihr Leid zu klagen: Es geht um die Tochter Elke, mit der sie „Stress hat":

„Die Englischlehrerin hat gemeint, ich solle täglich 15 Minuten mit Elke das wiederholen, was sie in der Schule gemacht hat. Aber das hat keinen Sinn. Sie hört nicht zu. Und ich fange dann irgendwann an zu schreien. Sie ist so chaotisch. Neulich, beim Suchen nach einem Heft in ihrer Schultasche merke ich: Da ist alles nass. Eine Flasche ist ausgelaufen. Meinst du, sie macht das sauber? Nein, das war alles schon glitschig und klebrig. Es tut ihr dann leid, aber sie macht nichts. Und sie blockt total." ...

M
Herr Marwede nimmt an einem Treffen Alleinerziehender im Gemeindehaus teil, die mit S den Terminplan für ihre weiteren Treffen im Gemeindehaus abstimmen möchten. Nachdem alles geklärt ist, passt Herr Marwede S (den er seit der Trauerfeier für seine Frau kennt und duzt) ab, um S sein Leid zu klagen: Es geht um die Tochter Elke, mit der er „Stress hat":

„Die Englischlehrerin hat gemeint, ich solle täglich 15 Minuten mit Elke das wiederholen, was sie in der Schule gemacht hat. Aber das hat keinen Sinn. Sie hört nicht zu. Und ich fange dann irgendwann an zu schreien. Sie ist so chaotisch. Neulich, beim Suchen nach einem Heft in ihrer Schultasche merke ich: Da ist alles nass. Eine Flasche ist ausgelaufen. Meinst du, sie macht das sauber? Nein, das war alles schon glitschig und klebrig. Es tut ihr dann leid, aber sie macht nichts. Und sie blockt total." ....

✳✳✳✳

F
Anruf von Frau Mester bei S.
Beide kennen sich aus der Gemeindearbeit und duzen sich.
„Du, hättest du mal Zeit für mich?"
„Ich glaube, ich brauche deinen Rat."
„Wann könnte ich zu dir kommen?"
Frau Mester will auf keinen Fall am Telefon mit der Sprache raus.
Sie hat etwas „entdeckt", das noch ein Geheimnis ist, das sie nur S „offenbaren" will – je nachdem, wie sie sich von S angenommen fühlt ...

M
Anruf von Herrn Mester bei S.
Beide kennen sich aus der Gemeindearbeit und duzen sich.

„Du, hättest du mal Zeit für mich?"
„Ich glaube, ich brauche deinen Rat."
„Wann könnte ich zu dir kommen?"
Herr Mester will auf keinen Fall am Telefon mit der Sprache raus.
Er hat etwas „entdeckt", das noch ein Geheimnis ist, das er nur S „offenbaren" will – je nachdem, wie er sich von S angenommen fühlt …

✳✳✳✳

F

Frau Kuntze (25 J.) steht zwischen zwei Männern: ihrem Verlobten und ihrem Vermieter. Sie versteht es, Überschneidungen zu vermeiden, und doch ist da eine Stimme in ihr, die ihr ein „schlechtes Gewissen" macht.
Frau Kuntze hat um das Gespräch gebeten.
Die beratende Person kann S sein oder Kollege/in oder Freund/in oder …

M

Herr Kuntze (25 J.) steht zwischen zwei Frauen: seiner Verlobten und seiner Vermieterin. Er versteht es, Überschneidungen zu vermeiden, und doch ist da eine Stimme in ihm, die ihm ein „schlechtes Gewissen" macht.
Herr Kuntze hat um das Gespräch gebeten.
Die beratende Person kann S sein oder Kollege/in oder Freund/in oder …

2.9 Ziele formen

Das generelle Ziel der ratsuchenden Person, aus dem Kreisen im Konfliktkarussell in eine gangbare Richtung zu kommen, lässt sich detailliert formen.

Die supervisorisch-steuernde Funktion der beratenden Person ist dabei strikte frei zu halten von der Vorgabe eigener Zielvorstellungen für die ratsuchende Person.

Dieses Kapitel will dazu anleiten, wie sich die beratende Person bei dem Formen von Zielen der ratsuchenden Person steuernd beteiligen kann.

Lohse, Kurzgespräch, 100ff[44]

Ziele vor Augen zu haben, ist anscheinend eine ganz selbstverständliche Vorstellung; und wenn ein Mensch keine Ziele mehr für sich hat, verliert sein Leben offenbar seinen Glanz.

Im Kurzgespräch kommen implizit und/oder explizit Ziele zur Sprache, die erreicht werden wollen und sollen, jedoch so noch nicht erreicht werden können, weil sie als Zielvorgabe unklar, unsauber, eben ungeformt gefasst sind. Im Folgenden werden sechs Kriterien beschrieben, mit Hilfe derer die beratende Person der ratsuchenden Person supervisorisch helfen kann, ihr Ziel so zu formen, dass sie es erreichen kann.

2.9.1 Beachten des Kriteriums „positiv formuliert"

Sehr häufig wird die ratsuchende Person ihre Zielvorstellung nur in der „negativen"[45] Form fassen können.

---

44 Kap. 2.7, 95ff.
45 Vgl. zu „negativ – positiv" Kap. 2.1.2.

Beispiele:

„Ich will nicht mehr ins Büro gehen."
„Niemand bringt mich dazu, wieder zur Therapie zu gehen."
„Ich habe keine Lust mehr, mich jeden Tag anmachen zu lassen."

☹ Die Intervention der beratenden Person kann die „negative" Richtung verstärken:

„Ich will nicht mehr ins Büro gehen."
    „Dagegen sperrt sich alles in Ihnen."

„Niemand bringt mich dazu, wieder zur Therapie zu gehen."
    „Das lehnen Sie strikte ab."

„Ich habe keine Lust mehr, mich jeden Tag anmachen zu lassen."
    „Das belastet Sie über die Maßen."

☺ Die negative Ausrichtung kann in ein positives Ziel geformt werden:

„Ich will nicht mehr ins Büro gehen."
    „Wohin wird Ihr Weg dann gehen?"

„Niemand bringt mich dazu, wieder zur Therapie zu gehen."
    „Was streben Sie stattdessen an?"

„Ich habe keine Lust mehr, mich jeden Tag anmachen zu lassen."
    „Wie machen Sie sich frei davon?"

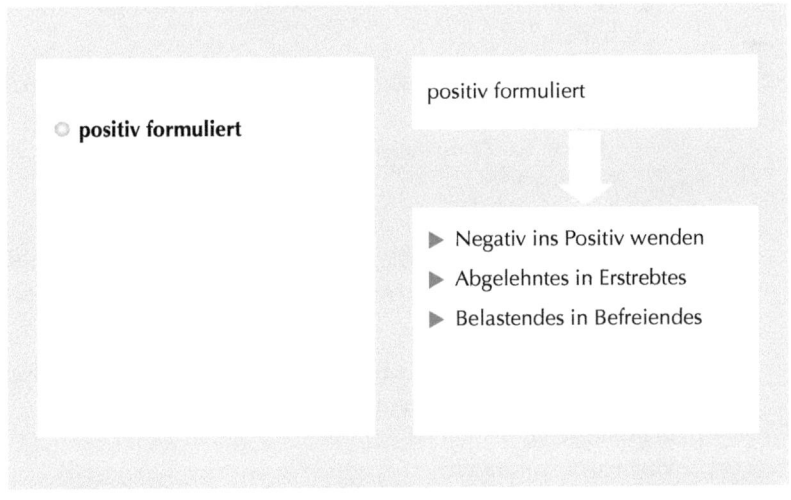

positiv formuliert

○ **positiv formuliert**

▶ Negativ ins Positiv wenden
▶ Abgelehntes in Erstrebtes
▶ Belastendes in Befreiendes

👁 Die Formung ins Positive führt bei der ratsuchenden Person sogleich (oft bis in nonverbale Reaktionen für die beratende Person wahrnehmbar) dazu, sich mit aller ihr zustehenden Kraft für ihr Ziel einzusetzen.

2.9.2 Beachten des Kriteriums „realistisch"

Wie realistisch ist das von der ratsuchenden Person erstrebte Ziel? Diese Frage hat nicht die beratende Person zu prüfen und zu beantworten, es ist vielmehr hilfreich, wenn sie diese Kontrolle der ratsuchenden Person anheim stellt.

Beispiele:

„Ich müsste mal so richtig ausspannen."
„Ganz von vorne anfangen, das würde uns helfen."
„Meine Frau und ich, wir sollten mal in Ruhe miteinander reden."

☹ Die beratende Person kann die Tendenz ins Unrealistische verstärken:

„Ich müsste mal so richtig ausspannen."
„Alle Viere von sich strecken und die Seele baumeln lassen – das würde Ihnen gut tun."

„Ganz von vorne anfangen, das würde uns helfen."
„Da noch mal anfangen, wo Sie beide sich gut verstanden haben."

„Meine Frau und ich, wir sollten mal in Ruhe miteinander reden."
„Beide sind entspannt, beide haben Zeit und dann: ruhig miteinander reden."

☺ Will die beratende Person die ratsuchende Person dazu anleiten, zu überprüfen, ob das avisierte Ziel realistisch ist, wird sie anders vorgehen:

Ganz einfach ist die schlichte Fragestellung: „Wie realistisch ist das, was Sie sich da vornehmen
– ausspannen?"
– von vorne anfangen?"
– in Ruhe miteinander reden?"

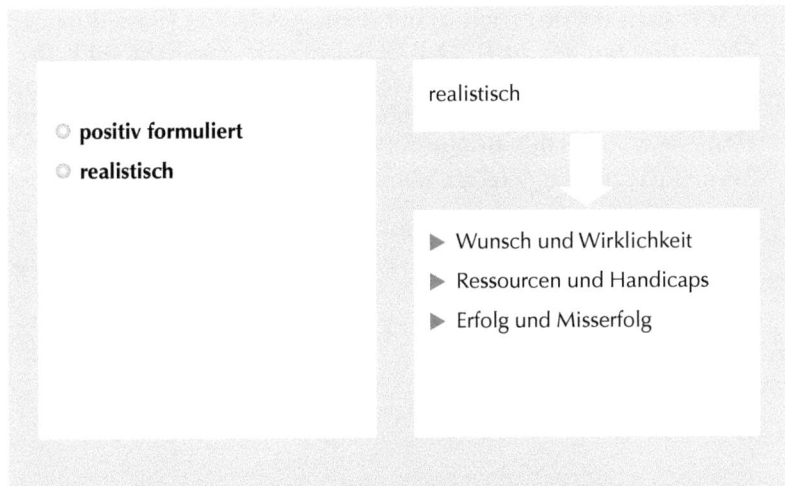

Der Konjunktiv[46] verweist womöglich schon auf eine unüberbrück-bare Diskrepanz zwischen Wunsch und Wirklichkeit.

Wie steht es um die tatsächlichen Möglichkeiten und stehen dem Vorhaben nicht reale Ein- und Beschränkungen entgegen?

👁 Die ratsuchende Person wird, wenn Sie auf die Chancen des Erfolgs ihres Vorhabens direkt angesprochen wird, sehr genau abzuwägen wissen, ob ihre Idee zum Scheitern verurteilt ist oder nicht.

2.9.3 Beachten des Kriteriums „klein"

Die „Scheidung" (Trennung – Heirat, Zusammenziehen) etwa ist ein großes Ziel, das, um es zu erreichen, vieler kleiner Schritte bedarf. Ähn-liches gilt für den Wiedereinstieg ins Berufsleben oder das Verlassen des bisher vertrauten sozialen Umfeldes. Der „Traumjob" ist ein weitgesteck-tes Ziel wie auch die Abnabelung von dem/n Kind/ern.

☹ Große, weitgesteckte, allerdings positive Ziele euphorisch, unkritisch und undifferenziert zu übernehmen, ist für die ratsuchende Person schlicht kontraproduktiv, da außer vollmundigen Worthülsen kaum etwas über das Kurzgespräch hinaus Bestand haben wird.

---

46 Vgl. Kap. 2.6

☺ „Wie sieht der erste Schritt auf dieses große Ziel (Scheidung, Heirat etc.) hin für Sie aus?" Das ist wiederum eine sehr schlichte und zugleich weiterführende Intervention, da die ratsuchende Person von sich aus weitere einzelne Schritte benennen wird, die sie Zug um Zug dem Ziel näher bringt. Oft wird bei diesem Prozess der Zielformung das „große" Ziel auf ein realistisches Maß gebracht:

„Scheidung" → „Mit wem als erstes darüber reden?"
„Wiedereinstieg" → „Welche Voraussetzung ist zunächst zu schaffen"
„Abnabelung" → „Woher genau kommt das nötige Geld?"

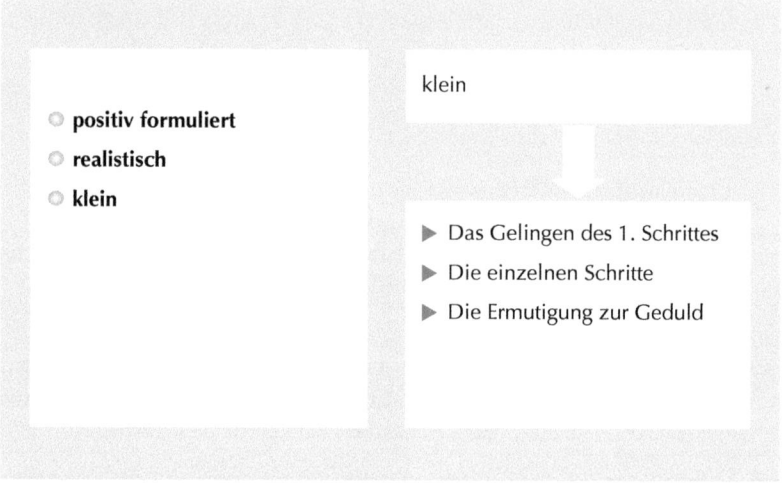

◉ Die Ermutigung, den Weg auf das große Ziel hin mit einem ersten und dann weiteren kleinen Schritten zu gehen, fällt der beratenden Person umso leichter, je realistischer, konkreter und attraktiver diese Vorgehensweise der ratsuchenden Person erscheint.

2.9.4 Beachten des Kriteriums „konkret"

◉ Je konkreter ein Ziel ausgeformt wird, desto wahrscheinlicher wird es erreicht werden.

Beispiel:

R: „Ich möchte gern wieder mehr Zeit für mich selbst haben."
S: „Angenommen, Sie haben diese Zeit, was genau werden Sie für sich tun?"

R: „Ich werde wieder mehr lesen."
S: „Wann werden Sie was lesen?"
R: „Abends, nach der Tagesschau: Fernseher aus und lesen – Bücher hab ich genug!"
S: „Wo wird man Sie lesen sehen?"
R: „Auf dem Schaukelstuhl in meinem Zimmer."
S: „Wer oder was wird noch in Ihrem Zimmer zu sehen sein?"
R: „Ich bin da ganz für mich allein."
S: „Wie lange werden Sie da sitzen und lesen?"
R: „Eine Stunde. Das reicht. Eine Stunde pro Tag."

Dieser konstruierte Dialog veranschaulicht die vielfältigen Möglichkeiten, ein Ziel so ausgeformt zu konkretisieren, dass jetzt nur noch geklärt werden muss, wie die Umsetzung überprüfbar ist und ob das Leseprojekt für R auch attraktiv ist.

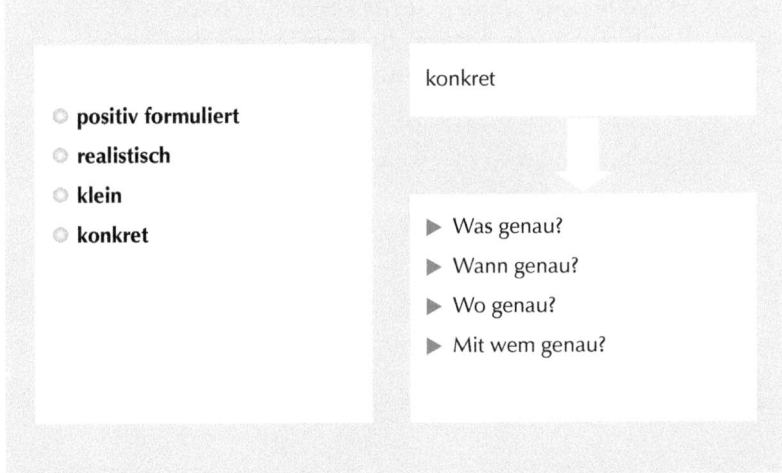

2.9.5 Beachten des Kriteriums „überprüfbar"

Sich heranarbeiten an ein konkretes Ziel und es erreichen, ist ein Geschehen, das in der Lebensgestaltung der ratsuchenden Person seine Spuren hinterlässt.

Andersherum: Wenn sich in den Lebensumständen, im Lebensgefühl oder in den Lebensbezügen nichts ändert, weder die ratsuchende Person noch andere Menschen in ihrem Umfeld etwas merken, dann stimmt etwas mit der Zielsetzung oder der Umsetzung der Zielerreichung nicht.

Wir nehmen den vorigen konstruierten Fall noch einmal auf:

R: „Ich möchte gern wieder mehr Zeit für mich selbst haben."
  Spürbare Veränderung der Zeitstruktur.
S: „Angenommen, Sie haben diese Zeit, was genau werden Sie für sich tun?"
R: „Ich werde wieder mehr lesen."
  Wahrnehmbare mentale Anregung.
S: „Wann werden Sie was lesen?"
R: „Abends, nach der Tagesschau: Fernseher aus und lesen – Bücher hab ich genug!"
  Erlebte Ausgliederung aus dem sozialen familiären Gefüge.
S: „Wo wird man Sie lesen sehen?"
R: „Auf dem Schaukelstuhl in meinem Zimmer."
  Entspannte ungestörte Körperwahrnehmung.
S: „Wer oder was wird noch in Ihrem Zimmer zu sehen sein?"
R: „Ich bin da ganz für mich allein."
  Meditative Grundstimmung.
S: „Wie lange werden Sie da sitzen und lesen?"
R: „Eine Stunde. Das reicht. Eine Stunde pro Tag."
  Spürbare Veränderung der Zeitstruktur.

	überprüfbar
○ **positiv formuliert**	
○ **realistisch**	⬇
○ **klein**	
○ **konkret**	▶ Wer wird es merken?
○ **überprüfbar**	▶ Wie wird es gemerkt?
	▶ Was wird gemerkt?

2.9.6 Beachten des Kriteriums „attraktiv"

Menschen plagen sich mit dem Erreichen von Zielen herum, die durchaus nicht anziehend und anregend für sie sind.

Beispiele:

R: „Ich denke, ich müsste mehr für mich tun.“
S: „Woran denken Sie, wenn Sie das sagen?“
R: „Ich denke daran, irgendwie Sport zu betreiben?“
S: „Wie attraktiv ist es für Sie, Sport zu betreiben?“
R: „Überhaupt nicht, ich meine nur, das kann nicht schaden.“

Oder:

R: „Einmal den ganzen Tag nichts tun.“
S: „Und stattdessen?“
R: „Och, weiß nicht, einfach gammeln, so in den Tag hinein.“
S: „Und, was haben Sie davon?“
R: „Ehrlich gesagt, nichts. Ich glaube, nach ein paar Stunden hängt mir das zum Hals raus; ich bin ein aktiver Mensch. Ich würde dann das machen, was mir Spaß macht, wozu ich sonst nicht komme.
S: „Was zum Beispiel?“
R: „Also, richtig Spaß macht mir …“

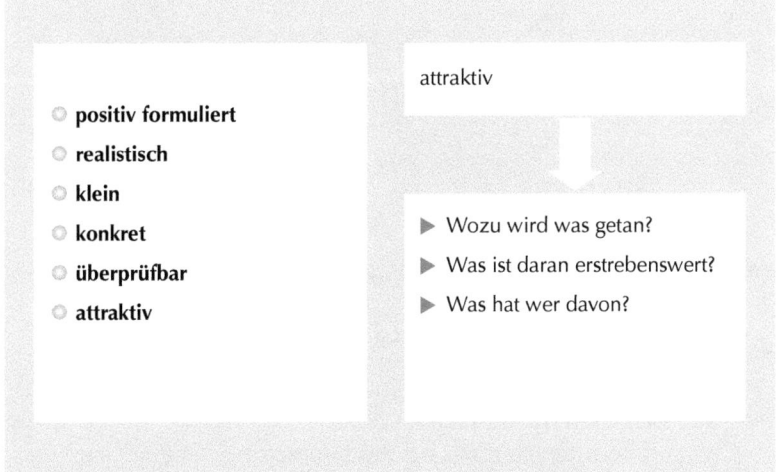

Konventionen, Gruppendruck, unreflektiertes Rollenverhalten und Familientraditionen nötigen Menschen Ziele auf, die sie für sich wenig oder auch gar nicht anregend finden; mit leichten mäeutischen Fragen lässt die ratsuchende Person diese unattraktiven Ziele fallen.

👁 Das präzise Erkunden, wie anziehend und lohnend ein Ziel denn wirklich ist, hilft der ratsuchenden Person, ein positiv formuliertes, realistisches, kleines, konkretes, überprüfbares und attraktives Ziel zu formen.

Das Formen der Ziele ist ein erstes von drei Elementen der zielorientierten Vorgehensweise im Kurzgespräch.

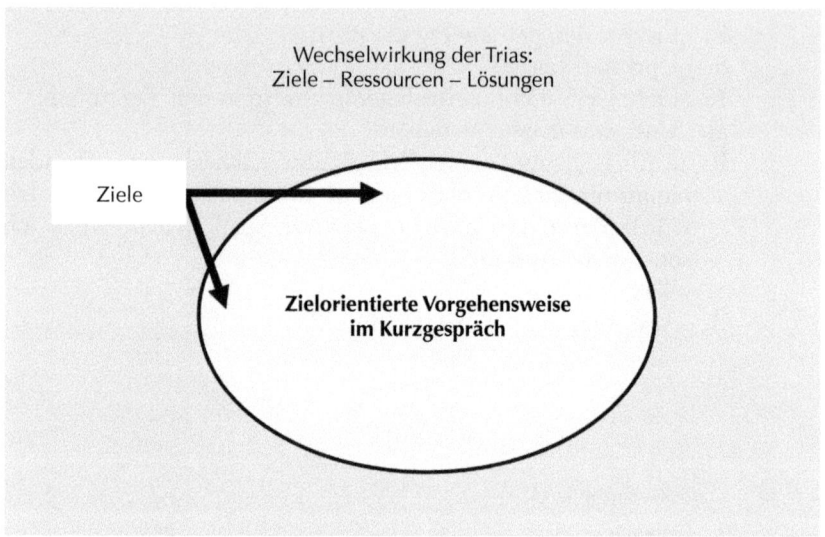

2.9.7 Zum Training

✐ Aufgabenstellung: Meine Ziele

Wann brauche ich für mich eine Zielsetzung?
Wie forme ich meine Ziele?
Worauf besinne ich mich bei der Umsetzung meiner Ziele?
Wie wähle ich Präferenzrouten zur Erlangung meiner Ziele?
Welches treffende Beispiel fällt mir dazu ein?

💬 Aussprache über meine Ziele – deine Ziele:

Welche Unterschiede/Ähnlichkeiten/Gleichheiten nehme ich im Vergleich zu mir wahr?
Was ist mir dabei völlig neu?
Womit kann ich nichts anfangen?

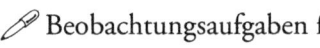 Training in Dreiergruppen

Trainingsanleitungen:

Wenn R merkt, dass S einem seiner Ziele auf der Spur ist, dann macht R bei der Zielformung von S mit und protestiert erst, wenn R sich „entmündigt" fühlt.

S versucht, ein Ziel von R herauszufiltern und dieses zu formen.

Beobachtungsaufgaben für C:

Kurze schriftliche Notizen:

Welche Ziele wurden mit und für R erarbeitet?
War/Wurde das Ziel positiv formuliert?
War das Ziel: klein, machbar, attraktiv, etc.?

Spielanleitungen für R

F
Telefongespräch in der Telefonseelsorge:
„Ich kann nicht mehr." Kurze Pause. „Ich hab mit meiner ehemaligen Lehrerin noch einen guten Kontakt gehabt, wir haben uns oft gesehen und uns unterhalten. Es war einfach schön."
Hintergrund bei der Anruferin:
Im Dorf wird über eine lesbische Beziehung zwischen ihr und der Lehrerin gemunkelt. Daraufhin hat die Lehrerin den Kontakt zu ihr abrupt abgebrochen und verweigert jeden weiteren Kontakt. Die Anruferin will sie wiedersehen und ihr in die Augen schauen.
„Ich schaff das nicht ohne sie …"

M
Telefongespräch in der Telefonseelsorge:
„Ich kann nicht mehr." Kurze Pause. „Ich hab mit meinem ehemaligen Lehrer noch einen guten Kontakt gehabt, wir haben uns oft gesehen und uns unterhalten. Es war einfach schön."
Hintergrund beim Anrufer:
Im Dorf wird über eine homosexuelle Beziehung zwischen ihm und dem Lehrer gemunkelt. Daraufhin hat der Lehrer den Kontakt zu ihm abrupt abgebrochen und verweigert jeden weiteren Kontakt. Der Anrufer will ihn wiedersehen und ihm in die Augen schauen.
„Ich schaff das nicht ohne ihn …"

✳✳✳✳

F

S hat ein erstes Gespräch mit einer an der Parkinsonschen Krankheit leidenden Frau Rath. Frau Rath liegt im Bett; S fällt auf, dass sie stark geschminkt und sehr hübsch angezogen ist.
Nach Begrüßung und Vorstellung fragt S:
S: *„Wie geht es Ihnen, Frau R?"*
R: *„Schlecht."*

Hintergrund: Frau Raths Mann kann sich mit der Krankheit nicht abfinden, meint immer, Heilung wäre möglich. Frau Rath weiß: Das ist Quatsch! Ich habe mein Leben gelebt. Und vieles war sehr schön – wir sind gereist – gut, dass wir das gemacht haben.

M

S hat ein erstes Gespräch mit einem an der Parkinsonschen Krankheit leidenden Mann Rath. Herr Rath liegt im Bett; S fällt auf, dass er sehr gepflegt aussieht und adrett angezogen ist.
Nach Begrüßung und Vorstellung fragt S:
S: *„Wie geht es Ihnen, Herr R?"*
R: *„Schlecht"*.

Hintergrund: Herrn Raths Frau kann sich mit der Krankheit nicht abfinden, meint immer, Heilung wäre möglich. Herr Rath weiß: Das ist Quatsch! Ich habe mein Leben gelebt. Und vieles war sehr schön – wir sind gereist – gut, dass wir das gemacht haben.

✳✳✳✳

F

Frau Schulz hat um einen Gesprächstermin mit S gebeten.
Nach der Begrüßung steigt Frau Schulz unmittelbar ein:
„Also, mein Mann, der macht mir Sorgen. Der lebt nur noch für seine Eltern und isoliert sich immer mehr. Was kann man da machen?"

M

Herr Schulz hat um einen Gesprächstermin mit S gebeten.
Nach der Begrüßung steigt Herr Schulz unmittelbar ein:
„Also, meine Frau, die macht mir Sorgen. Die lebt nur noch für ihre Eltern und isoliert sich immer mehr. Was kann man da machen?"

✳✳✳✳

F

Hannes und Maria Kamp, die Eltern von zwei Kindern (Tochter Claudia, 18 Jahre; Sohn Marcus, 15 Jahre) sind in Sorge und völlig hilflos, weil Marcus sich weigert, zur Schule (Realschule) zu gehen.

Claudia war magersüchtig, als sie 15 war, und lange in Therapie, sie allein, aber auch die Familie. Keiner in der Familie hat „Lust", wieder zur Therapie zu gehen, Marcus weigert sich strikte.

Die Eltern suchen – wann immer und mit wem immer es sich anbietet – das Gespräch über ihre verzweifelte Situation, so auch mit S, die/der beide Kinder kennt.

Maria Kamp beginnt das Gespräch:

„Ach, wir sind ja so in Sorge um Marcus …"

M

Hannes und Maria Kamp, die Eltern von zwei Kindern (Tochter Claudia, 18 Jahre; Sohn Marcus, 15 Jahre) sind in Sorge und völlig hilflos, weil Marcus sich weigert, zur Schule (Realschule) zu gehen.

Claudia war magersüchtig, als sie 15 war, und lange in Therapie, sie allein, aber auch die Familie. Keiner in der Familie hat „Lust", wieder zur Therapie zu gehen, Marcus weigert sich strikte.

Die Eltern suchen – wann immer und mit wem immer es sich anbietet – das Gespräch über ihre verzweifelte Situation, so auch mit S, die/der beide Kinder kennt.

Hannes Kamp beginnt das Gespräch:

„Ach, wir sind ja so in Sorge um Marcus …"

2.10 Kraftquellen erschließen

Neue oder wieder entdeckte Kraftquellen sind das Potential der ratsuchenden Person, um ihre Ziele und damit eine Veränderung ihrer Situation zu erreichen.

Fähigkeiten, Begabungen und Fertigkeiten sind die Ressourcen, aus denen heraus Leben gestaltet wird.

Dieses Kapitel will dazu anleiten, Kraftquellen der ratsuchenden Person zu erkennen, zu erschließen, sie wertzuschätzen und nutzbar zu machen.

Lohse, Kurzgespräch, 105ff[47]

2.10.1 Das weite Feld der Ressourcen

Das Training beginnt damit, sich der Vielfalt der menschlichen Kraftquellen bewusst zu werden. Bei der stichwortartigen Aufzählung, die keinen Anspruch auf Vollständigkeit erhebt, ist es hilfreich, diese nach individuellen und allgemeingültigen Gesichtspunkten aufzufächern:

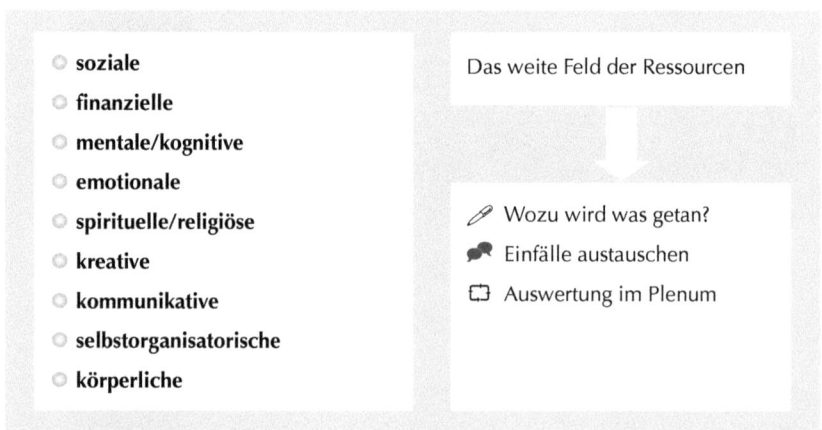

- soziale
- finanzielle
- mentale/kognitive
- emotionale
- spirituelle/religiöse
- kreative
- kommunikative
- selbstorganisatorische
- körperliche

Das weite Feld der Ressourcen

🖉 Wozu wird was getan?
🖌 Einfälle austauschen
⬚ Auswertung im Plenum

47 Kap. 2.8, 101ff.

Die beratende Person mit den ihr eigenen „Bodenschätzen" und ihrer Art der Ausnutzung dieser Schätze ist nicht das Maß aller Dinge; bei der Suche nach Bodenschätzen im Gelände der ratsuchenden Person tritt manch ein überraschender Fund auf.

Aufgabenstellung: Meine Gaben/Fähigkeiten – deine Gaben/Fähigkeiten

a) Meine Gaben/Fähigkeiten
   Wie sieht das weite Feld meiner Ressourcen aus?
   Welche Ressourcen nutze ich regelmäßig?
   Welche lasse ich eher links liegen?
   Wofür könnte mir welcher Schatz nützlich sein?
   Welches treffende Beispiel fällt mir dazu ein?

b) Deine Gaben/Fähigkeiten
   Welche Unterschiede/Ähnlichkeiten/Gleichheiten nehme ich im Vergleich zu mir wahr?
   Was ist mir völlig neu/fremd?
   Womit kann ich nichts anfangen?

2.10.2 Kraftquellen erschließen

Kraftquellen in der ratsuchenden Person zu erschließen, bedarf einer gewissen Intuition und einer freundlichen Beharrlichkeit seitens der beratenden Person. Denn wenn dieser Schatz offenkundig vor Augen läge, hätte die ratsuchende Person bereits von sich aus darauf zugegriffen.

Deshalb geht der Impuls, sich auf neue (andere) Suchfelder zu begeben, von der beratenden Person aus:

Beispiele:

„Was steckt *noch* in Ihnen drin?"
„Womit haben Sie sich *früher* beschäftigt?"
„Womit haben Sie *schon mal* geliebäugelt?"
„Welche Ihrer Fähigkeiten/Gaben bietet sich *auch noch* an?"
„Welche Saiten können Sie *ganz neu* aufziehen?"

Es geht jeweils darum, die andere(n) Gabe(n) jenseits der zur Zeit genutzten herauszulocken. Dieser Impuls bewirkt zweierlei:

1. Die ratsuchende Person findet eine ihr eigene Kraftquelle, die – aus welchen Gründen auch immer – für das gegenwärtige Leben nicht sprudelt.

2. Die ratsuchende Person findet ein Interesse an der Vielfältigkeit ihrer Lebensmöglichkeiten und überwindet damit das Grundgefühl einer lähmenden Beschränktheit.

Besonders, wenn (auch nonverbal) erkennbar wird, dass die Blockade schwindet und Lockerung eintritt, ist es ratsam, das Suchtempo zu beschleunigen[48], und zwar mit der schlichten Intervention:

„und was noch?" – „und was noch?" – „und was noch?"

Die beratende Person verbündet sich auf diesem Wege mit der Neugierde der ratsuchenden Person auf sich selbst.

2.10.3 Wert der Kraftquelle einschätzen

Die neu oder wieder entdeckte Ressource wird für die ratsuchende Person attraktiv, wenn sie den Wert und die Qualität dieses Schatzes für ihr gegenwärtiges und zukünftiges Leben einzuschätzen weiß.

Beispiel:

R: „Ja, meine Freundin, das ich daran nicht gedacht habe!"
S: „Was bedeutet Ihnen diese Freundin?"
R: „Wir können einfach gut miteinander reden, schon immer."
S: „Und jetzt?"
R: „Früher waren das ganz andere Sachen, Kino, Klamotten, auch mal Jungs."
S: „Worüber möchten Sie jetzt mit ihr reden?"
R: „Ich glaube, wenn wir uns treffen, ist die alte Vertrautheit gleich wieder da. Und wenn ich ihr sage, dass ich versucht habe, Schluss zu machen, dann wird sie mir zuhören und mit mir reden – so offen, wie früher."

Und ein Gegenbeispiel:

R: „Saxophon, das war mal mein großer Traum. Ich war auch schon ganz schön fit darin."
S: „Wie ist das mit dem Saxophon heute?"
R: „Na, es liegt gut verpackt auf dem Speicher."
S: „Welchen Wert hat das verpackte Saxophon für Sie?"
R: „So ist es völlig wertlos für mich. Ich müsste mich schon wieder richtig damit beschäftigen, täglich üben, versuchen, eine kleine Band zu finden und so."

---

48 Vgl. Kap.2.7.

S: „Wie groß ist Ihre Lust und Bereitschaft dazu?"
R: „Also, wenn Sie mich so fragen, nicht sehr groß, irgendwie ist das nicht mehr mein Ding, das war mal."

Gerade liegen gelassene Begabungen aus der Vergangenheit haben oft nur eine vorübergehende Bedeutung gehabt. Dann geht es weniger um eine Wiederaufnahme dieser Fähigkeit als vielmehr um deren „anständige Beerdigung".

Bei der Einschätzung des gegenwärtigen und zukünftigen Wertes einer Kraftquelle für die ratsuchende Person empfiehlt sich eine ähnliche Vorgehensweise wie beim Formen der Ziele.[49]

2.10.4 Ausnutzung der Kraftquelle planen

Eine Öl- oder Gasquelle auszunutzen, bedarf einer besonderen Technik, ebenso wie die Nutzung der Sonnen- und Windenergie oder der Erdwärme. Die Ausnutzung einer neu oder wieder entdeckten Ressource für das Leben der ratsuchenden Person will sorgsam bedacht sein: Die Begeisterung nutzen und umsetzen in planvolles Handeln.

Jedoch neuer Wein passt nicht in alte Schläuche. Also wird der neue Lebensimpuls auf seine Kompatibilität mit der bisherigen Lebensorganisation abgeglichen.

◉ Die beratende Person wird die ratsuchende Person zu einer sorgfältigen Kosten-Nutzen-Analyse anhalten:

Was wird sich verändern?
Wie groß ist der Aufwand?
Wer hat welchen Nutzen davon?
Womit verträgt sich das Neue, womit auch nicht?

Das sind Denk- und Fragerichtungen, die der ratsuchenden Person helfen, nicht fahrlässig zu handeln.

R: „Gleich morgen fang ich an mit dem Joggen."
S: „Wann wird das sein?"
R: „Ja, vorm Frühstück, das geht wohl nicht, das wäre mir das Liebste. Aber da störe ich nur alle anderen."
S: „Wann dann, morgen?"

---

49 Vgl. Kap.2.9.

R: „Abends, aber das ist auch nicht so leicht."

S: „Was müssen Sie da ändern?"

R: „Wenn wir das Abendessen um eine halbe Stunde nach hinten verlegen, dann kann ich gleich nach der Arbeit zum Joggen gehen, dann nach Hause kommen, Duschen und Essen."

S: „Mit wem will das abgestimmt sein?"

R: „Mein Mann macht da schon mit; der liest solang die Zeitung."

Die beratende Person hat gegenüber der ratsuchenden Person durchaus eine protektive „Aufsichtspflicht" (Supervision).

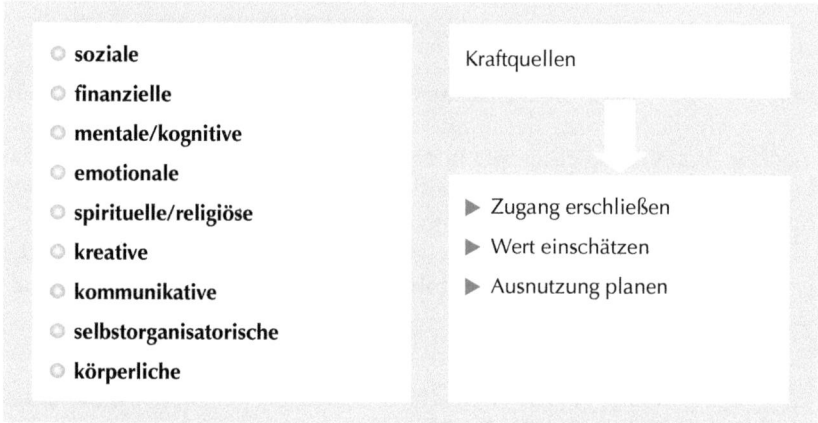

Zum Formen der Ziele tritt als zweites von drei Elementen der zielorientierten Vorgehensweise im Kurzgespräch das Erschließen von Ressourcen; beide suchen, bedingen und befruchten sich wechselseitig:

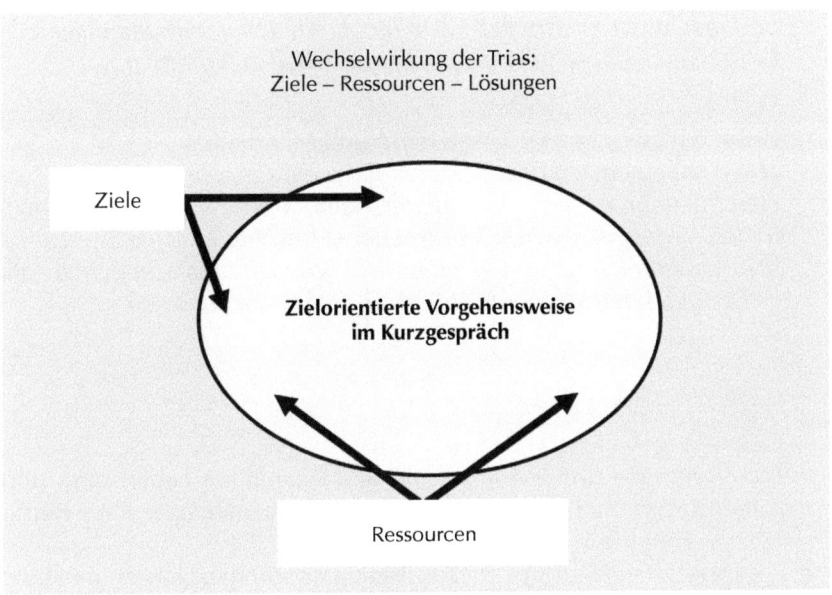

2.10.5 Zum Training

Training in Dreiergruppen

Trainingsanleitungen:

R folgt S auf das Feld der Ressourcen, wenn R sich angesprochen fühlt.

S sucht das Feld der Ressourcen bei R ab.

Beobachtungsaufgaben für C:

Welche Ressourcen werden mit und für R neu erschlossen?
Was ist dabei an R zu beobachten?
Welche Kurskorrektur nimmt R vor?

Spielanleitungen für R:

F
Gespräch zwischen Vorgesetzter/m und Mitarbeiterin.
„Hast Du einen Moment Zeit? Ich habe ein Problem …
Hendrik (ein anderer Mitarbeiter) kann mich anscheinend nicht leiden. Jedes Mal, wenn ich im Dienst bin, hat er schlechte Laune

und macht mich fertig. Ich weiß nicht, wie ich damit umgehen soll.
Es ist manchmal schwer für mich, zur Arbeit zu kommen ...“

M

Gespräch zwischen Vorgesetzter/m und Mitarbeiter.
„Hast Du einen Moment Zeit? Ich habe ein Problem ...
Hendrik (ein anderer Mitarbeiter) kann mich anscheinend nicht
leiden. Jedes Mal, wenn ich im Dienst bin, hat er schlechte Laune
und macht mich fertig. Ich weiß nicht, wie ich damit umgehen soll.
Es ist manchmal schwer für mich, zur Arbeit zu kommen...“

✳✳✳✳

F

Frau Rentorf – (Mitte 40) ist sich der derzeitigen Lebensform und -organisation nicht mehr sicher. Alles steht in Frage: Ehe, Beruf, Kinder, Freunde...

Anlass ist eine gruppendynamische Erfahrung im Zusammenhang einer beruflichen Qualifizierung gewesen. Das Training liegt 4 Wochen zurück; seit dem findet sie sich immer weniger mit den „üblichen Abläufen“ ihres Lebens zurecht.

Frau Rentorf gehört schon länger dem Kirchenvorstand an, hat S um dieses Gespräch gebeten:

„Ich weiß einfach nicht, wie es mit mir weitergehen soll und kann.“

M

Herr Rentorf – (Mitte 40) ist sich der derzeitigen Lebensform und -organisation nicht mehr sicher. Alles steht in Frage: Ehe, Beruf, Kinder, Freunde...

Anlass ist eine gruppendynamische Erfahrung im Zusammenhang einer beruflichen Qualifizierung gewesen. Das Training liegt 4 Wochen zurück; seit dem findet er sich immer weniger mit den „üblichen Abläufen“ seines Lebens zurecht.

Herr Rentorf gehört schon länger dem Kirchenvorstand an, hat S um dieses Gespräch gebeten:

„Ich weiß einfach nicht, wie es mit mir weitergehen soll und kann.“

✳✳✳✳

F

Frau Bolte (31) hat von ihrem Hausarzt die dringende Empfehlung bekommen, sich wegen ihrer 6-jährigen Tochter Jule beraten zu lassen; denn die häufigen Erkrankungen mit diffuser Symptomatik und die unerklärlichen „Fieberanfälle" (40 °C) könnten nicht mit organischen Ursachen zusammenhängen, sondern würden wohl eher psychosomatisch verursacht.

Frau Bolte hatte sich dem Hausarzt nicht näher offenbart, aber ihr war alles klar:

Sie weiß, dass ihre Tochter Jule panische Angst hat, sie (ihre Mutter) zu verlieren. Diese Angstzustände brachen auf, als der leibliche Vater Jules (von dem Frau Bolte sich nach „gravierenden Ereignissen" scheiden ließ, als Jule 6 Monate alt war) sich nach vier Jahren „Funkstille" ein Verkehrsrecht einklagte und zugesprochen bekam.

Frau Bolte ist inzwischen wieder verheiratet. Ihr jetziger Mann (sozialer Vater von Jule) ist für Jule „der Papa".

Frau Bolte trifft S (ihr bekannt über den Kindergarten) auf der Straße und spricht S an:

„Ich weiß gar nicht, was ich machen soll ... wie ich es richtig mache ..."

M

Herr Bolte (31) hat vom Hausarzt die dringende Empfehlung bekommen, sich wegen der 6-jährigen Tochter Jule beraten zu lassen; denn die häufigen Erkrankungen mit diffuser Symptomatik und die unerklärlichen „Fieberanfälle" (40 °C) könnten nicht mit organischen Ursachen zusammenhängen, sondern würden wohl eher psychosomatisch verursacht.

Herr Bolte weiß, dass die Tochter Jule panische Angst hat, ihn (ihren „sozialen" Vater) zu verlieren. Diese Angstzustände brachen nämlich auf, als der leibliche Vater Jules (von dem die Mutter sich nach „gravierenden Ereignissen" scheiden ließ, als Jule 6 Monate alt war) sich nach vier Jahren „Funkstille" ein Verkehrsrecht einklagte und zugesprochen bekam.

Inzwischen hatte die Mutter ihn geheiratet, und er war und ist für Jule „der Papa".

Herr Bolte trifft S (ihm bekannt über den Kindergarten) auf der Straße und spricht S an:

„Ich weiß gar nicht, was ich machen soll ... wie ich es richtig mache ..."

✳✳✳✳

F

Studentin Christiane Müller hat S (von der/dem sie vor Jahren konfirmiert worden war und danach nur noch gelegentlich beim Heili-
gabendgottesdienst begrüßt hatte) Mitte Januar (im Heimatort)
zufällig in einem Kaufhaus getroffen. Über ein „Wie geht's – Wie
steht's?" war das Gespräch nicht hinausgekommen, obwohl beide
spürten, eigentlich wäre ein „richtiges" Gespräch angezeigt. (S
weiß, dass CM in Berlin Jura studiert und später in die Anwaltskanzlei
des Vaters eintreten möchte/soll.)

So wundert sich S nicht, als sie/er von CM einen Anruf erhält mit
der Bitte um ein Gespräch. Dieses wird kurzfristig verabredet.

CM will das Jurastudium nicht fortsetzen, das sie zunächst mit
Überzeugung aufgenommen hatte. Darüber hat sie bisher mit
niemandem gesprochen. Absolute Vertraulichkeit ist CM wichtig,
und so beginnt CM (nach kurzer Begrüßung):

*„Worüber ich mit Ihnen reden möchte, Frau/Herr S., muss unter
uns bleiben: Ich will mein Studium abbrechen. Meinen Eltern habe
ich gesagt, dass ich nach der Weihnachtspause noch 14 Tage hier
bleiben kann, da das Repetitorium erst Ende Januar wieder beginnt.
Aber das stimmt nicht. Ich will nicht mehr …"*

M

Student Christian Müller hat S (von der/dem er vor Jahren konfirmiert worden war und danach nur noch gelegentlich beim Heiliga-
bendgottesdienst begrüßt hatte) Mitte Januar (im Heimatort) zufällig
in einem Kaufhaus getroffen. Über ein „Wie geht's – Wie steht's?"
war das Gespräch nicht hinausgekommen, obwohl beide spürten,
eigentlich wäre ein „richtiges" Gespräch angezeigt. (S weiß, dass
CM in Berlin Jura studiert und später in die Anwaltskanzlei des
Vaters eintreten möchte/soll.)

So wundert sich S nicht, als sie/er von CM einen Anruf erhält mit
der Bitte um ein Gespräch. Dieses wird kurzfristig verabredet.

CM will das Jurastudium nicht fortsetzen, das er zunächst mit
Überzeugung aufgenommen hatte. Darüber hat er bisher mit niemandem gesprochen. Absolute Vertraulichkeit ist CM wichtig, und
so beginnt CM (nach kurzer Begrüßung):

*„Worüber ich mit Ihnen reden möchte, Frau/Herr S., muss unter
uns bleiben: Ich will mein Studium abbrechen. Meinen Eltern habe
ich gesagt, dass ich nach der Weihnachtspause noch 14 Tage hier
bleiben kann, da das Repetitorium erst Ende Januar wieder beginnt.
Aber das stimmt nicht. Ich will nicht mehr …"*

2.11 Lösungen erwirken

Im Mittelpunkt der lösungsorientierten Vorgehensweise im Kurzgespräch stehen nicht Probleme (und Strategien der Problemveränderung), sondern der Lösungsansatz der ratsuchenden Person, ihr Lösungsverhalten und dessen Veränderung.

Die im Kurzgespräch der beratenden Person sich nahelegenden Lösungsvorschläge sind strikte zu ignorieren.

Dieses Kapitel will dazu anleiten, wie die beratende Person das lösungsorientierte Vorgehen der ratsuchenden Person steuernd beeinflussen kann.

📖 Lohse, Kurzgespräch, 111ff[50]

📖 Watzlawick, Lösungen[51]

2.11.1 Das problemorientierte Lösungsverhalten

Wenn sich das Lösungsverhalten am Problem orientiert, versucht es, Elemente des Problems zu verändern:

> Beispiel:
>
> Immer, wenn die Frau abends aus dem Haus geht, beginnt ihr Mann zu trinken.
> Element „Alkohol" wird verändert:
> Der Alkohol wird eingeschlossen, wenn die Frau das Haus verlässt, und sie nimmt den Schlüssel mit.
> Element „Frau":
> Die Frau verlässt nicht mehr das Haus oder nur zusammen mit ihrem Mann.

---

50 Kap. 2.9, 107ff.
51 Watzlawick, Paul/Weakland, John/Fisch, Richard, Lösungen. Zur Theorie und Praxis menschlichen Wandels, Bern/Stuttgart/Wien, 1974

Element „Haus":
Der Mann verlässt ebenfalls das Haus und unternimmt etwas.
Element „Mann":
Der Mann geht während der Zeit zu den AA.

Im Kurzgespräch klagt die Frau darüber, dass das alles nicht genützt habe: das Problem bestünde weiterhin: Gehe ich aus dem Haus, trinkt mein Mann.

☹ Erkennt die beratende Person im Kurzgespräch ein problemorientiertes Lösungsverhalten, gerät sie leicht in Gefahr, weitere Elemente des Problems zu separieren und zu verändern:

Element „abends":
„Und wie ist es, wenn Sie am Wochenende das Haus verlassen?"

☉ Problemorientiertes Lösungsverhalten wird durch seine Zielgerichtetheit auf das Problem oft zu einem eigenständigen Problem, das die ratsuchende Person stärker belastet als das eigentliche Problem: das Problem (so) lösen zu wollen, nervt, ärgert, macht krank.

2.11.2 Fixierung auf einen Lösungsansatz

Immer und immer wieder wird versucht, ein Problem mit ein und demselben Lösungsansatz in den Griff zu bekommen. Dabei erscheinen die verschiedenen Versuche besonders der außenstehenden (beratenden) Person als hoch redundante Variation *eines* Musters, inklusive der Inversion des Grundmusters ins Gegenteil.

Beispiel:

Das Kind will abends nicht einschlafen.
„Wenn du still bist und in deinem Bett bleibst, darfst du noch lesen."
„Wir lassen die Tür auf und machen sie erst zu, wenn wir schlafen gehen."
„Du bekommst morgen zum Frühstück ein Zimtbrötchen, wenn du jetzt einschläfst."
„Wenn du dich jetzt nicht hinlegst und schläfst, darfst du morgen nicht zum Geburtstag von Julia."
„Schlaf jetzt oder du darfst nie wieder fernsehen!"

👁 Alle Lösungsansätze sind darauf fixiert, das Kind zum Einschlafen zu bringen. Im Kurzgespräch wird die Mutter/der Vater dann sagen: „Ich habe alles probiert …". Diese Formulierung weist auf ein unwirksames fixiertes Lösungsverhalten.

☹ Völlig verfehlt sind weitere Lösungsvorschläge aus dem reichen Schatz der eigenen Erfahrung in dieselbe Richtung:

„Haben Sie es schon mal mit … probiert."

☺ Die klare, eindeutige und nüchterne Auskunft: „Das werden Sie nicht lösen." Oder: „Geben Sie es auf, das Problem lösen zu wollen." wird den Effekt der „nordfriesischen Schweineschwanzmethode"[52] auslösen:

Beispiel: (Fortsetzung)

R: „Ich habe schon alles probiert, aber ich bringe das Kind nicht zum Einschlafen."

S: „Geben Sie es auf, das Einschlafproblem Ihres Kindes lösen zu wollen."

R: „Ja, aber: was dann?"

S: „Ja, was dann?"

R: „Ich kann das Kind doch nicht einfach so lassen."

S: „Sie werden das Einschlafproblem Ihres Kindes nicht lösen."

R: „Sie meinen, ich soll mich nicht mehr darum kümmern."

S: „Sie werden es nicht lösen."

R: „Vielleicht sollte ich mir einfach etwas anderes vornehmen …"

Die Mauern eines fixierten Lösungsverhaltens stürzen, wenn sie regelmäßig im gleichen Ton umkreist werden.

2.11.3 Verändern des Lösungsverhaltens

Veränderungen im Lösungsverhalten ergeben sich zum einen beim Lösungsansatz und zum anderen beim Lösungsrahmen.

Die beratende Person kann aufgrund ihrer supervisorischen Funktion die ratsuchende Person dazu bringen, auf ihre uneffektiven Lösungsansätze (problemorientiert/fixiert) zu verzichten, diese schlicht zu unterlassen.

---

52 Lohse, Kurzgespräch, 120.

Weiterführend kann die beratende Person über ein Feedforward der ratsuchenden Person helfen, einen ganz anderen Ansatz zu finden:

Beispiel: (Fortsetzung)

S: „Was *werden* Sie sich vornehmen, wenn Sie darauf verzichten, sich um das Einschlafen Ihres Kindes zu bemühen?"

R: „Ich weiß nicht, bis jetzt war jeder Abend für mich damit vertan."

S: „Also, wie *wird* das sein, wenn Sie davon ablassen?"

R: „Ich hab mir vorgenommen, mein Englisch aufzumöbeln. Wenn mein Kind drei ist, will ich zurück in meinen Beruf. Und da brauch ich gute Englischkenntnisse. Ich brauch mich nur in mein Zimmer zu setzen, die Kopfhörer aufsetzen und los geht's."

S: „Was *wird* dagegen sprechen?"

R: „Nein, das wird schon gehen."

👁 Den Lösungsrahmen zu verändern, sieht diesem Vorgehen sehr ähnlich. Unerreicht treffend ist das Beispiel, das Paul Watzlawick[53] dazu gibt:

Im 19. Jh. erhält ein französischer Offizier den Befehl, einen Platz mit Demonstranten durch den Einsatz von Schusswaffen räumen zu lassen. Er lässt die Soldaten durchladen. Die Menge wird vor Schrecken starr und still.

Der Offizier ruft den Menschen auf dem Platz zu: „Ich habe den Befehl, auf die Canaille zu schießen. Ich sehe aber auf diesem Platz eine ganze Reihe von ehrbaren Bürgern. Ich bitte diese, den Platz zu räumen, damit ich auf die Canaille schießen kann." In kurzer Zeit war der Platz geräumt.

Der Lösungsrahmen wird durch die Differenzierung der „Canaille" in „ehrbare Bürger" und „Canaille" verändert.

☺ Der Lösungsrahmen wird durch Heranziehen einer *Ausnahme* verändert:

Beispiel:

„Mein Mann und ich, wir schweigen uns an."
„Worüber reden Sie denn überhaupt noch?"

---

53 Watzlawick, Paul u.a., Lösungen, 103.

Über die Ausnahmen vom Schweigen wird „das Problem" in einen größeren Rahmen gestellt; jetzt kann geprüft werden, ob das Gespräch wirklich „tot" ist oder ob etwas Bestimmtes beschwiegen wird.

Der Lösungsrahmen wird durch eine *veränderte Sichtweise* auf „das Problem" verändert; die andere Perspektive kreiert neue Einschätzungen.

Beispiel:

„Ich will nichts mehr hören von den Finanzproblemen."
„Ich schicke Ihnen das Zahlenmaterial zur Durchsicht zu, dann können Sie sich einen klaren Überblick über die Finanzlage beschaffen."
„Nein, so war das auch nicht gemeint; ich möchte schon jetzt mit Ihnen über die Finanzlage reden, aber wegkommen vom Klagen und sachlich über die Fakten reden."

Oder:

„Du stehst immer auf der Seite der Kinder!"
„Wie das wohl ein Außenstehender beurteilt?"
„Das ist mir egal. Ich meine: Du stehst immer auf der Seite der Kinder!"
„Dennoch, von außen betrachtet – was dabei wohl rauskommt?"
„Na, ich meine ja die Situationen, wenn es um die Schularbeiten geht, da haben wir unterschiedliche Meinungen, und da steh ich allein da."

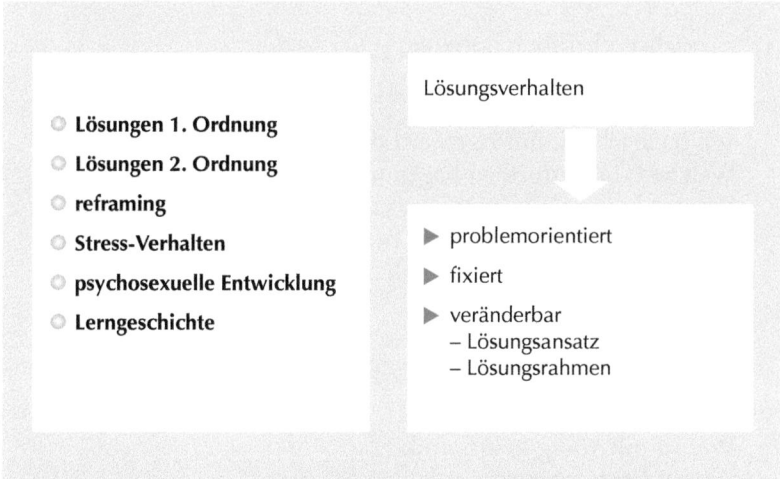

Lösungsverhalten

- Lösungen 1. Ordnung
- Lösungen 2. Ordnung
- reframing
- Stress-Verhalten
- psychosexuelle Entwicklung
- Lerngeschichte

▶ problemorientiert
▶ fixiert
▶ veränderbar
  – Lösungsansatz
  – Lösungsrahmen

Zum Formen der Ziele und dem Erschließen von Kraftquellen tritt als drittes Element der zielorientierten Vorgehensweise im Kurzgespräch das Erwirken von Lösungen; alle drei Ansätze suchen, bedingen und befruchten sich wechselseitig:

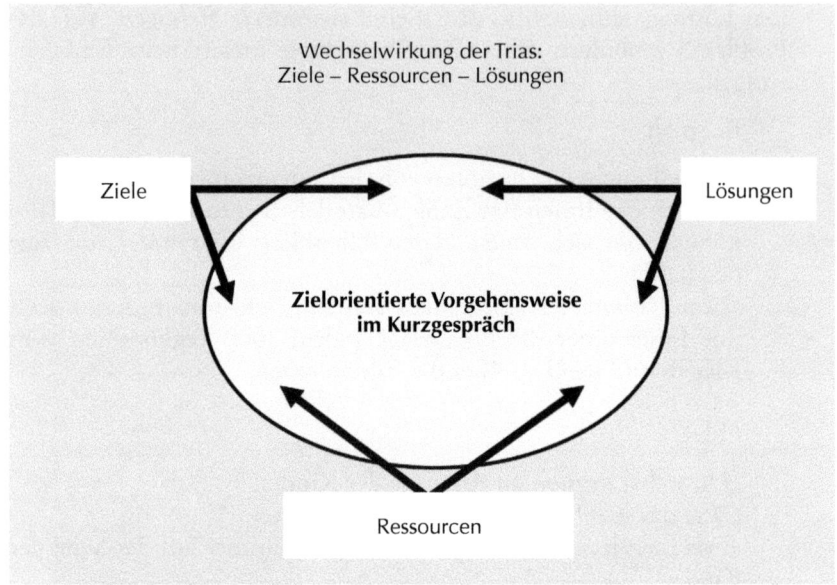

2.11.4 Zum Training

Aufgabenstellung für die Aussprache in der Kleingruppe:

Zunächst schriftlich notieren:

Meine Vorgehensweise, um zu Lösungen zu gelangen:

Wo setze ich an, um zu einer Lösung zu kommen?
Welche Lösungsformen liegen mir besonders?
Worauf besinne ich mich, wenn ich „es" nicht lösen kann?
Wozu neige ich, wenn nichts mehr geht?
Welches treffende Beispiel fällt mir dazu ein?

Deine Lösungsstrategien:

Welche Unterschiede/Ähnlichkeiten/Gleichheiten nehme ich im Vergleich zu mir wahr?
Was ist mir völlig neu/fremd?
Womit kann ich nichts anfangen?

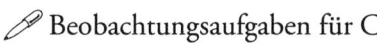 Training in Dreiergruppen

Trainingsanleitungen:

R lässt sich von S zu neuem Lösungsverhalten führen, wenn R sich dazu angehalten und eingeladen fühlt.

S analysiert das Lösungsverhalten von R und versucht, ein neues Lösungsverhalten zu erwirken.

Beobachtungsaufgaben für C:

Welches problemorientierte Lösungsverhalten war bei R erkennbar?
War R auf einen Lösungsansatz fixiert?
Welche Veränderungen im Lösungsverhalten legten sich nahe?

Spielanleitungen für R

F
Samstagabend, 22.15 Uhr
„Hier ist die Telefonseelsorge, guten Abend."
Junge Frau, spricht sehr hektisch: *„Guten Abend. Meinen Namen muss ich nicht sagen?"*
„Nein, das müssen Sie nicht."
Sie redet „ohne Punkt und Komma".
„Mein Vater beleidigt alle auf das Schlimmste. Er ist so distanzlos. Er ist Alkoholiker. Das würde er aber nie zugeben. Letzte Woche war mein Freund da, da hat er im Tagebuch meines Freundes gelesen und ihn dann beschimpft, was für Schweinereien er schreiben würde.... ...dabei geht das meinen Vater doch überhaupt nichts an.... Er tut mir leid, ich mag ihn... Ich helfe ihm am Computer, um ihm zu zeigen, dass ich ihn mag, aber er ist nur aggressiv. Neben meinem Freund ist er für mich der liebste Mensch, aber so geht das nicht mehr weiter. Er will einfach nicht, dass ich einen Freund habe..."

M
Samstagabend, 22.15 Uhr
„Hier ist die Telefonseelsorge, guten Abend."
Junger Mann, spricht sehr hektisch: *„Guten Abend. Meinen Namen muss ich nicht sagen?"*
„Nein, das müssen Sie nicht."
Er redet „ohne Punkt und Komma".
„Meine Mutter beleidigt alle auf das Schlimmste. Sie ist so distanzlos. Sie ist alleinerziehend und Alkoholikerin. Das würde sie aber

nie zugeben. Letzte Woche war meine Freundin da, da hat sie im Tagebuch meiner Freundin gelesen und sie dann beschimpft, was für Schweinereien sie schreiben würde.... ...dabei geht das meine Mutter doch überhaupt nichts an.... Sie tut mir leid, ich mag sie... Ich helfe ihr im Haushalt, um ihr zu zeigen, dass ich sie mag, aber sie ist nur aggressiv. Neben meiner Freundin ist sie für mich der liebste Mensch, aber so geht das nicht mehr weiter. Sie will einfach nicht, dass ich eine Freundin habe...".

✳✳✳✳

F

Im Stationszimmer fand ein kurzes Vorgespräch mit einer Mitarbeiterin (Frau Mosbach) statt, das aber immer wieder unterbrochen wurde. Daraufhin verabreden S und Frau Mosbach sich eine halbe Stunde später im Büro von S.
Ein Moment der Ruhe. Dann:
Frau Mosbach: *Ja, ich hatte Ihnen schon gesagt, mit meiner Ehe läuft es im Moment nicht gut...*
Hintergrund: Der Mann von Frau Mosbach hat eine Freundin, zu der er in das gerade neu gebaute Haus eingezogen ist.
Frau Mosbach möchte eine Entscheidung, traut sich selbst aber nicht zu, die Trennung zu vollziehen – wünscht, dass der Mann sich entscheidet.

M

Im Stationszimmer fand ein kurzes Vorgespräch mit einem Mitarbeiter (Herrn Mosbach) statt, das aber immer wieder unterbrochen wurde. Daraufhin verabreden S und Herr Mosbach sich eine halbe Stunde später im Büro von S.
Ein Moment der Ruhe. Dann:
Herr Mosbach: *Ja, ich hatte Ihnen schon gesagt, mit meiner Ehe läuft es im Moment nicht gut...*
Hintergrund: Die Frau von Herrn Mosbach hat einen Freund, zu dem sie in das gerade neu gebaute Haus eingezogen ist.
Herr Mosbach möchte eine Entscheidung, traut sich selbst aber nicht zu, die Trennung zu vollziehen – wünscht, dass die Frau sich entscheidet.

✳✳✳✳

F

Es ist Freitagmittag, S ist im Begriff, sich von ihrer/seiner Sekretärin zu verabschieden, als diese S ein eingehendes Telefonat auf ihren/seinen anderen Apparat legt:

„Hier ist Mathilde Arndt aus Bedorf. Kann ich Sie einen Augenblick wegen meines Bruders sprechen?

Mein Bruder liegt im Krankenhaus. Er hatte früher schon zwei Langzeitbehandlungen, und ich wollte fragen, ob er noch so eine Behandlung bekommen kann und wie ich ihm helfen kann, dass die ganze Sache überhaupt was bringt, denn er war jedes Mal nach kurzer Zeit rückfällig.

Sie müssen nämlich wissen, dass das bei meinem Bruder an der Kindheit liegt. Er war unser Nachkömmling. Er hat mit 8 Jahren seinen Vater und mit 12 Jahren seine Mutter verloren, und ich denke, er hat nicht genügend darüber geredet, wie ihn das noch heute belastet.

Er liegt im Kreiskrankenhaus auf der Inneren Abteilung, und ich habe Angst, dass er in wenigen Tagen entlassen wird, wieder rückfällig wird und dass seine Lebensgefährtin, bei der er erst seit einigen Monaten wohnt, ihn vor die Tür setzt, und er bei uns vor dem Haus steht."

M

Es ist Freitagmittag, S ist im Begriff, sich von ihrer/seiner Sekretärin zu verabschieden, als diese S ein eingehendes Telefonat auf ihren/seinen anderen Apparat legt:

„Hier ist Martin Arndt aus Bedorf. Kann ich Sie einen Augenblick wegen meines Bruders sprechen?

Mein Bruder liegt im Krankenhaus. Er hatte früher schon zwei Langzeitbehandlungen, und ich wollte fragen, ob er noch so eine Behandlung bekommen kann und wie ich ihm helfen kann, dass die ganze Sache überhaupt was bringt, denn er war jedes Mal nach kurzer Zeit rückfällig.

Sie müssen nämlich wissen, dass das bei meinem Bruder an der Kindheit liegt. Er war unser Nachkömmling. Er hat mit 8 Jahren seinen Vater und mit 12 Jahren seine Mutter verloren, und ich denke, er hat nicht genügend darüber geredet, wie ihn das noch heute belastet.

Er liegt im Kreiskrankenhaus auf der Inneren Abteilung, und ich habe Angst, dass er in wenigen Tagen entlassen wird, wieder rückfällig wird und dass seine Lebensgefährtin, bei der er erst seit einigen Monaten wohnt, ihn vor die Tür setzt, und er bei uns vor dem Haus steht."

✳✳✳✳

F

Frau Fincke ist in der Frauenhilfe und kommt kurz vorbei, um etwas abzugeben. Sie steht schon an der Tür des Arbeitszimmers von S, um zu gehen.

Frau Fincke: *Wie geht es Ihnen eigentlich?*

Und egal, was S antwortet:

„Och, eigentlich geht es, aber das mit meinem Sohn macht mir schon zu schaffen."

Hintergrund: Der Sohn hat gar keinen Kontakt mehr zur Mutter.

M

Herr Fincke ist in der Gemeinde aktiv und kommt kurz vorbei, um etwas abzugeben. Er steht schon an der Tür des Arbeitszimmers von S, um zu gehen.

Herr Fincke: *Wie geht es Ihnen eigentlich?*

Und egal, was S antwortet:

„Och, eigentlich geht es, aber das mit meinem Sohn macht mir schon zu schaffen."

Hintergrund: Der Sohn hat gar keinen Kontakt mehr zu den Eltern.

Das schlüssige Ende
des Kurzgesprächs

Weder eine vorgegebene Zeit noch die beratende Person, sondern ausschließlich die ratsuchende Person wird das Kurzgespräch von sich aus beenden, sofern die beratende Person sich an die Vorgaben dieser Praxisanleitungen hält.

Die ratsuchende Person hat das Gespräch mit einem konkreten Anliegen (Mandat) begonnen, sie wird es beenden, sobald das Mandat sich erledigt hat.

Dieses Kapitel will dazu anleiten, dass die beratende Person das schlüssige Ende des Kurzgesprächs erspürt und sich angemessen darauf einstellt.

Lohse, Kurzgespräch, 122ff*

---

* Kap. 3, 117ff.

3.1 ergebnisorientiert beschließen

◉ Aus der ruhigen supervisorischen Distanz heraus hat die beratende Person nicht nur beobachtet, sondern sich auch gemerkt, was sich im Blick auf die Ausgangssituation für die ratsuchende Person ergeben hat. Es obliegt ihr, dieses Ergebnis an- und auszusprechen.

Beispiel:

„Sie fragten mich nach meiner Meinung zu einem Stellenwechsel.
Aus unserm Gespräch hat sich ergeben, dass ein erster Schritt in diese Richtung ist, dass Sie sich einen Entwurf des Arbeitsvertrages von Ihrem möglichen neuen Arbeitgeber erbitten. Daraus ergeben sich für Sie die weiteren Schritte …"

◉ Mit derselben Ruhe und Klarheit kann die beratende Person eine Veränderung im Lösungsverhalten der ratsuchenden Person an- und aussprechen.

Beispiel:

„Sie sind gekommen, um mit mir über das Einschlafproblem Ihres Kindes zu sprechen.
Auf meinen Einwand hin, dass Sie das Problem nicht lösen werden, haben Sie sich überlegt, etwas anders zu machen: Englisch lernen."

◉ Und ebenso ruhig und freundlich kann die beratende Person die Entdeckung, Erschließung und Nutzbarmachung einer Kraftquelle benennen.

Beispiel:

„In unserm Gespräch sind Sie auf Ihre Freundin aufmerksam geworden, wie gut es Ihnen tut, mit ihr ins Gespräch zu kommen."

☺ Von entscheidender Bedeutung ist der Punkt hinter der Ergebnisaussage. Dieser Punkt beschließt das Mandat. In der Pause nach dem Punkt wird die ratsuchende Person sich entscheiden, wie sie den Abschied gestaltet.

Ergebnis

Ergebnis

▶ Differenz zum Status quo ante

▶ Zugang zu neuer Kraftquelle

▶ Änderung des Lösungs-
verhaltens

3.2 Fortschritt markieren

Besonders, wenn es gelungen ist, aus dem Kreisen des Konfliktkarussells herauszukommen und wieder eine zukunftsfähige Richtung einzuschlagen, empfiehlt es sich für die beratende Person, diesen Fortschritt im Detail zu beschreiben.

Beispiel:

„Am Anfang drehte sich alles darum, wie Sie das Haus verlassen können, ohne dass Ihr Mann anfängt zu trinken.
Jetzt haben Sie einen eindeutigen Schritt aus diesem Problemkreisel getan:
Sie werden keine Verantwortung mehr für das Verhalten Ihres Mannes übernehmen.
Sie werden sich von seinem Rausch nicht mehr beeindrucken lassen.
Sie wissen genau, wo Sie sich schlafen legen.
Sie werden mit keinem Wort am nächsten Morgen auf das Thema „Was war denn gestern los?" eingehen.
Sie sind überzeugt davon, dass Ihnen das alles gut tun wird."

☹ Jetzt keine ermutigende Formeln anschließen: „Ich wünsche Ihnen dabei viel Erfolg!" oder „Ich drücke Ihnen die Daumen, dass Ihnen das gelingt!" oder nur: „Viel Glück!"

☺ Wieder kommt es auf die Interpunktion an, denn es steht der ratsuchenden Person an, nach dem letzten Punkt der beratenden Person, tatsächlich in Gang zu kommen: „Ich gehe jetzt, ein bisschen weich in den Knien, aber ich spüre, dass ich das will." Und es wäre nicht verwunderlich, wenn es zu keinem weiteren Abschiedswort oder -ritual kommt, denn die Energie der ratsuchenden Person konzentriert sich bereits auf das kommende Geschehen, an dem die beratende Person nicht beteiligt ist und deshalb schon „vergessen" wird.

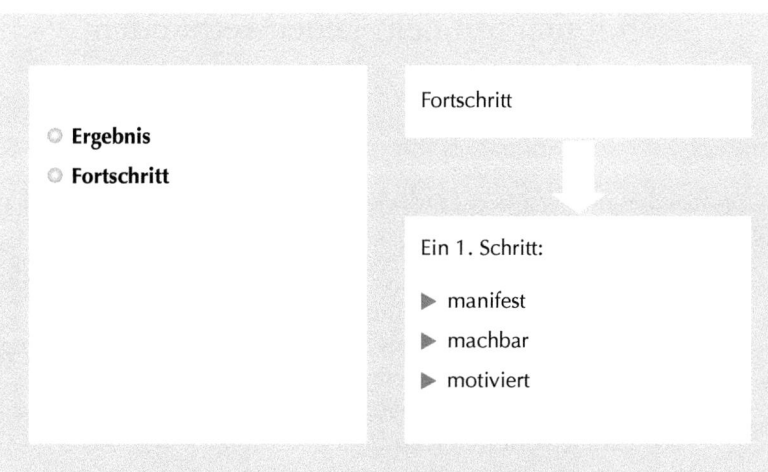

Fortschritt

- Ergebnis
- **Fortschritt**

Ein 1. Schritt:

▶ manifest

▶ machbar

▶ motiviert

3.3 sich mit dem Leben verbünden

👁 Ratsuchende Personen entdecken im Kurzgespräch, dass viel mehr Leben in ihnen steckt, als sie bisher zugelassen haben:

> sie sehen und spüren, dass sie neue und andere Möglichkeiten haben, ihr Leben zu gestalten;
> sie ahnen und sind in ihrer Hoffnung bestärkt, dass ihr langweiliges Leben wieder interessant wird;
> sie finden zu dem Glauben, dass Leben schön ist und dass Sterben ein Gewinn sein kann.

☺ Es ist eine besonders wertvolle Aufgabe für die beratende Person, sich mit diesen neu erregten Lebensimpulsen zu verbünden:

> mit warmherzigen Worten;
> mit freundlichen Gesten;
> mit symbolischen Akten;
> mit ernsthaften Riten.

🖉 Wem es hilft und wer es mag, führt über seine Verabschiedungspraxis ein Tagebuch, um seiner gedankenlosen Routine (Gottes Segen! Viel Erfolg! Gott mit Ihnen! Auf Wiedersehen! Bis bald mal wieder!) auf die Schliche zu kommen. Im ruhigen Nachdenken am Schreibtisch kommen andere Abschiedsworte zu Papier, die einfach, aber eindeutig das Bündnis mit dem Leben ansprechen, das sich aus dem Kurzgespräch auf der symmetrisch-solidarischen Achse ergeben hat.

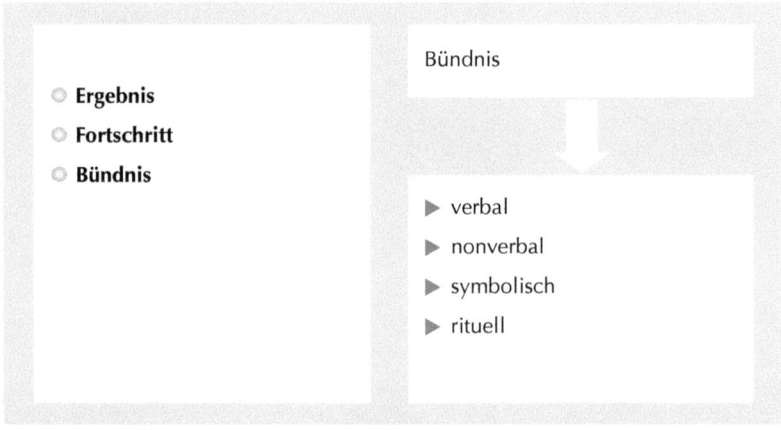

Bündnis

- Ergebnis
- Fortschritt
- Bündnis

▶ verbal
▶ nonverbal
▶ symbolisch
▶ rituell

3.3.1 Zum Training

Andere Aufgabenstellung für das Training:

Zunächst die Spielanleitung für den „Fall" lesen und auf ein mögliches schlüssiges Ende (Ergebnis/Fortschritt) hin diskutieren und entscheiden, an welcher Stelle des Gesprächs bei der Übung eingesetzt werden soll.

Training in Dreiergruppen

Trainingsanleitungen:

R lässt sich von S zu einem schlüssigen Ende führen und äußert möglichst authentisch, was ihr/ihm nach der Interpunktion von S in den Sinn kommt.

S entscheidet sich in aller Ruhe für eine Schlussintervention, achtet dann auf die Reaktion von R und tut nicht mehr als nötig. S darf mehrere Formulierungen/Handlungen seines Bündnisses versuchen.

C beobachtet und notiert und bringt seine eigenen Einfälle zum Schluss ein.

Spielanleitungen für R

F
Am Geldautomaten im Vorraum der Sparkasse trifft S Frau Sturm (40 J.) aus der Gemeinde. Bei der Großmutter ihres Mannes (im gleichen Haus) war S vor einigen Tagen zum 95. Geburtstag.
„Ach, Frau/Herr ..., weil ich Sie grad treffe... Sie waren doch neulich bei der Oma, wie sie Geburtstag hatte?
„Ach, wenn sie wüssten, Frau/Herr ..., die alte Frau hat sonst nichts zu lachen. Die tut mir manchmal richtig leid.

M
Am Geldautomaten im Vorraum der Sparkasse trifft S Herrn Sturm Mann (40 J.) aus der Gemeinde. Bei der Großmutter seiner Frau (im gleichen Haus) war S vor einigen Tagen zum 95. Geburtstag.
„Ach, Frau/Herr ..., weil ich Sie grad treffe... Sie waren doch neulich bei der Oma, wie sie Geburtstag hatte?
„Ach, wenn sie wüssten, Frau/Herr ..., die alte Frau hat sonst nichts zu lachen. Die tut mir manchmal richtig leid.

✳✳✳✳

F

S besucht einen Gesprächsabend zum Thema „Depressionen". S ist selbst Gast in diesem Haus.

S beobachtet eine schätzungsweise 70 Jahre alte Frau (Grundmann), die die ganze Zeit still und aufmerksam in sich gekehrt blieb.

Als alle zum anschließenden „Tee" gehen, fixiert Frau Grundmann S, die/der freundlich lächelnd an ihr vorbeigehen möchte, doch Frau Grundmann sagt unvermittelt:

„Ich glaube, ich habe in meinem Leben immer die falschen Entscheidungen getroffen."

M

S besucht einen Gesprächsabend zum Thema „Depressionen". S ist selbst Gast in diesem Haus.

S beobachtet einen schätzungsweise 70 Jahre alten Mann (Grundmann), der die ganze Zeit still und aufmerksam in sich gekehrt blieb.

Als alle zum anschließenden „Tee" gehen, fixiert Herr Grundmann S, die/der freundlich lächelnd an ihm vorbeigehen möchte, doch Herr Grundmann sagt unvermittelt:

„Ich glaube, ich habe in meinem Leben immer die falschen Entscheidungen getroffen."

✱✱✱✱

F

Nach einer Trauerfeier für einen plötzlich am Herzinfarkt während der Arbeit verstorbenen Mitarbeiter in einer Werksatt für psychisch Kranke wird S von einer anderen Mitarbeiterin (Erika) der Werkstatt angesprochen:

„Das – mit Siegfried – das kann ich überhaupt nicht verstehen …"

M

Nach einer Trauerfeier für einen plötzlich am Herzinfarkt während der Arbeit verstorbenen Mitarbeiter in einer Werksatt für psychisch Kranke wird S von einem anderen Mitarbeiter (Erich) angesprochen:

„Das – mit Siegfried – das kann ich überhaupt nicht verstehen …"

✱✱✱✱

F

Frau Olbers spricht auf den Anrufbeantworter folgenden Text:

Hier spricht Frau Olbers. Ich möchte so gerne wissen, was mit meiner Nachbarin, Frau Ina Husch, los ist. Die kennen Sie doch. Wir waren ja lange zusammen bei Ihnen in der Bibelstunde. Sie haust ja seit einiger Zeit ganz allein in ihrer Wohnung, kriegt das Essen gebracht, aber nun hat sie nicht aufgemacht. Mir auch nicht. Ihre Kinder wohnen ja nicht hier. Also, die wohnt in der Meisenstraße. In der Nummer 9. Meine Telefonnummer ist: 123456. Sie können mich ja mal anrufen. Ich möchte so gern wissen, was los ist mit der Ina Husch –".

M

Herr Olbers spricht auf den Anrufbeantworter folgenden Text:

Hier spricht Herr Olbers. Ich möchte so gerne wissen, was mit meiner Nachbarin, Frau Ina Husch, los ist. Die kennen Sie doch. Wir waren ja lange zusammen bei Ihnen in der Bibelstunde. Sie haust ja seit einiger Zeit ganz allein in ihrer Wohnung, kriegt das Essen gebracht, aber nun hat sie nicht aufgemacht. Mir auch nicht. Ihre Kinder wohnen ja nicht hier. Also, die wohnt in der Meisenstraße. In der Nummer 9. Meine Telefonnummer ist: 123456. Sie können mich ja mal anrufen. Ich möchte so gern wissen, was los ist mit der Ina Husch –".

4.

Von der Sorge um die Seele

4.1 Ein glaubenstheoretischer Rahmen für die Seelsorge

Mir scheint es nötig, dass Seelsorger/innen sich einen glaubenstheoretischen Rahmen für ihre Seelsorge erarbeiten. Überzeugend und unmittelbar umsetzbar ist für mich die prozesstheologische Integration der Seelsorge in ein Verständnis der Selbstoffenbarung des dreieinigen Gottes im Wirken der Schöpfung und Erhaltung, Versöhnung und Heiligung der Welt.

1. Erhaltung der Schöpfung

Wir begegnen Gott als Schöpfer, dem Vater und Grund allen Seins, der in allen kosmischen Prozessen der Neuschöpfung und Wandlung des Seins als kreativ treibende Kraft präsent ist. Gott ist gegenwärtig, so auch in der Entwicklung und Um- und Neugestaltung von Einzelnen oder Paaren, von Mitarbeitergruppen und deren Institutionen. Wir begegnen IHM, dem Schöpfer allen Seins, auch und vor allem in jedem Menschen als einem mit Leib und Seele, Augen, Ohren und allen Gliedern, Vernunft und allen Sinnen von Gott begabtem Gegenüber, dessen Würde wir zu achten und dessen Sosein wir zu lieben haben.

2. Erlösung des Menschen

Wir begegnen dem Gesicht des Versöhners in Gottes Sohn Jesus Christus, der menschgewordenen Liebe Gottes, in allen Prozessen des Leidens an der Entfremdung des Mensch-Seins, der Entstellung und Entwürdigung menschlichen Lebens. Wir erfahren zugleich in diesen Lebens-Leidens-Prozessen, wie Gottes inkarnierte Liebe sich bedingungslos hingibt und sich – bis zur Selbstaufgabe – des Verlorenen annimmt. Wir begegnen IHM, unserem Bruder, in jedem verlorenen und verdammten Menschen, der hungrig, durstig, fremd, nackt, krank und gefangen oder halb tot geschlagen am Rand unseres Lebensweges liegt und auf unsere unmittelbare und bescheidene Zuwendung angewiesen ist, damit er in eine neue Lebenswirklichkeit auferstehen kann.

3. Heiligung des Alltags

Wir begegnen dem Odem Gottes, diesem lebenschaffenden und heilenden Geist überall, wo der Schrei des Leidens der Schöpfung, das ängstliche Seufzen und Harren der Kreatur laut wird und Gehör zu finden sucht. Wir begegnen IHM, dem Heiligen Geist, wenn ER unserer Schwachheit aufhilft und Gegensätze überwunden werden, – da, wo Verständigung geschieht, wo Getrenntes zur Einheit zusammenwächst. Wir begegnen IHM, dem stärkenden und mutmachenden Heiligen Geist, wenn wir ihn bitten, unserem begrenzten Wissen und Verstand aufzuhelfen und mitten unter uns zu sein, wo wir zu zweit oder dritt versammelt sind, um den Weg in das Gott ebenbildliche Leben zurückzufinden.

Als Christen und als Kirche Jesu Christi nehmen wir teil an diesem Heilsprozess Gottes und sind mit IHM unterwegs auf dem Weg zu endzeitlicher Schönheit und versöhnter Harmonie. Dazu gehört das Gedeihen der Schöpfung, die wir als Gottes Kinder hegen und pflegen sollen. Dazu gehören die kleinen Bewegungen und großen Wehen, unter denen Menschen zu ihrem Ich als Geschöpf Gottes finden, bei denen wir als Gottes Seelsorger/innen – durch unsere Taufe beauftragt, durch Gottes Wort ermutigt, durch das Heilige Mahl gestärkt – Hebammendienste leisten. Seelsorge nimmt teil an diesem Prozess Gottes in und mit der Welt.

4.2 Alltagsseelsorge der Kirche

Alltagsseelsorge als systemische Dialogpraxis begrenzt sich nicht auf geschützte Seelsorgeräume oder die Bereitschaft, für ein Gespräch präsent zu sein. Schon sehr früh wurde mir im Vollzug der Schwangerschaftskonfliktberatung deutlich, dass neben dem qualifizierten Gespräch mit der ungewollt schwangeren Frau untrennbar der begleitende Blick in den auf sie zukommenden Alltag gehört, konkret: ihre angemessene medizinische Betreuung, die Stabilisierung ihrer sozialen Lage, handfeste materielle, meist finanzielle Hilfe. Auch dieser Schritt der Seelsorge aus den „kirchlichen Mauern" heraus in den Alltag, in den jeweiligen gesellschaftlichen Kontext des ratsuchenden Menschen lässt sich aus meiner Sicht unmittelbar auf die Anforderungen einer Alltagsseelsorge übertragen.

1. Alltagsseelsorge als Aufgabe der Gemeinde

Alltagsseelsorge, die dem Menschen in diesem Kontext dienen und damit ein Zeugnis des Evangeliums geben will, setzt voraus, dass kirchliche Mitarbeiter/innen in Predigerseminaren, Seelsorginstituten, Pastoralkollegs, Studientagen und Fortbildungsveranstaltungen entsprechend ausgebildet werden.

Solange jedoch das Leitbild der Volkskirche sowohl in ihren Gremien als auch in der Erwartungshaltung der „Kerngemeinde" von alles-könnenden und alles-leistenden Pfarrer/innen geprägt ist, wird die Vorstellung von einer im Alltag mit Seelsorge dienenden Gemeinde nicht Wirklichkeit werden können. Außerdem muss bedacht werden, dass die Mitgliederzahlen und die finanziellen Mittel der Kirche schwinden, wodurch eine möglichst flächendeckende Versorgung durch Pfarrer/innen nicht mehr geleistet werden kann, und vermutlich wegen der vielen anderen unerlässlichen Pfarramtstätigkeiten die Seelsorgearbeit als erste auf der Strecke bleibt.

Vom Verständnis, dass alle getauften Christen/innen Lichtträger des Evangeliums sind, führt meines Erachtens ein direkter (theologischer) Weg zu der Zielorientierung, Ehrenamtliche für die Alltagsseelsorge gründlich zuzurüsten und auszubilden. Allerdings bedeutet das, Abschied zu nehmen von der volkskirchlichen Vorstellung, dass „unter" den Pfarrer/innen die Ehrenamtlichen – gleichsam notgedrungen als Lückenbüßer minderen Grades – (unliebsame) Teilaufgaben des Pfarramtes übertragen bekommen.

Folgt man dem Modell einer offenen Kirche, die in der Beziehung zum Dreieinigen Gott ihr Zentrum hat und deren Glieder in die Gesellschaft gesandt sind, um das Evangelium zu bezeugen und den Dienst an den Ausgeschlossenen und Benachteiligten wahrzunehmen, dann erscheint es mir nicht nur sinnvoll, sondern geboten, Seelsorge als Aufgabe der Christen allgemein zu begreifen und dafür Voraussetzungen, Gelegenheiten und Strukturen zu schaffen, um die Gegebenheiten, in und an denen Seelsorge gebraucht und gewünscht wird, auch wahrnehmen zu können. Was Seelsorge vor Ort ist und tun kann, wird dann getragen – inmitten der Weltängste des Alltags – vom Glauben an den Seelsorger Jesus Christus, der die Welt überwunden hat.

2. Dialogische Seelsorge und sozial-diakonisches Handeln

Dabei darf es meines Erachtens nicht nur um kommunikatives Handeln gehen, sondern untrennbar dazu gehört auch die materielle Dimension sozialer Probleme, um Besorgung der notwendigen Mittel, damit „Alltag" wieder gelingt. Die Fürsorge im guten Sinne beginnt da, wo Seelsorger/innen den Alltag der ratsuchenden Person verantwortlich in den Blick nehmen, konkrete Brücken in die neue Zukunft mitbauen, indem sie das Anliegen derer, die sich in ihrer Not an sie wenden, sozialanwaltlich unterstützen.

Damit werden die Grenzen zwischen dialogischer Seelsorge und sozialdiakonischem Engagement bewusst durchdrungen, und zwar um der Glaubwürdigkeit des seelsorglichen Handelns willen. Die materielle und soziale Situation des Einzelnen ist oft Teil seiner Problematik, aber auch eine Ressource für Veränderungen. Um sie nicht nur zu entdecken, sondern konkret zu aktivieren, müssen Seelsorger/innen teilweise selbst sozialarbeiterische Funktionen übernehmen oder mit Sozialarbeitern eng und Schritt für Schritt zusammenarbeiten.

Alltagsseelsorge will soziale Netzwerke aktivieren, und sie muss – so z.B. meine Erfahrung aus der Schwangerschaftskonfliktberatung – mehr als einmal finanzielle Hilfe organisieren.

Als systemische Praxis schafft Alltagsseelsorge damit eine Verbindung zwischen der cura animarum specialis, die den Einzelfall im Blick hat, und der cura animarum generalis, die sich um die Gemeinschaft, in der ein Mensch lebt, kümmert. Alltagsseelsorge kann die Veränderung von Einzelnen und Familien nicht von der der Gemeinschaft trennen.

Nicht nur in der Entwicklung der Schwangerschaftskonfliktberatung*, hier insbesondere bei der Ausgestaltung der Bundes- und Landesstiftung für Mutter und Kind – war und ist es nötig, politisch aktiv zu werden, um dem Anspruch auf ein menschenwürdiges Dasein seitens der christlichen Gemeinde Nachdruck zu verleihen.

Alltagsseelsorge der Kirche kann Bedingungen dafür schaffen, Prozesse der Vergebung, Versöhnung und neuer Hoffnung für den einzelnen Menschen und im Gemeinwesen anzustoßen und zu moderieren, um in Lebenskrisen und gesellschaftlichen Schieflagen zu entlasten, Einsichten zu erschließen, neue Wege zu finden und dem Ruf der Freiheit Gehör zu verschaffen.

4.2.1 Zum Training

✎ Zu den folgenden Thesen eigene Position notieren:

1. Die Gegebenheiten der Alltagsseelsorge erfordern eine Abkehr von Seelsorgekonzepten, die sich an psychotherapeutischen Theorien orientieren.

2. Die Würdigung des (in seiner Lebendigkeit bedrohten) Lebens, nicht die Würdigung des Problems ist zentraler Ansatzpunkt der Alltagsseelsorge.

3. Die Grundhaltung der Alltagsseelsorge ist geprägt von der Hoffnung auf neue Möglichkeiten der Zukunft und orientiert sich an:

    Hoffnung stärken statt Frust ergründen;
    Ressourcen fördern statt Defizite wahrnehmen;
    Gesundes stärken statt Krankes bekämpfen.

4. Seelsorgliches Handeln im Alltag setzt einen klaren glaubenstheoretischen, nicht vorrangig oder ausschließlich psychotheoretischen Bezugsrahmen voraus.

5. Alltagsseelsorge ist ohne durchdringendes sozial-diakonisches Engagement wie ein Haus ohne Türen und Fenster und ohne Garten.

💬 Diskussion der Thesen und der eigenen Position in der Kleingruppe.

▢ Aussprache über Aspekte der Alltagsseelsorge im Plenum.

---

* (in deren Rahmen ich das Konzept der zielorientierten Kurzberatung entwickelte).

Anhang

Zufallsverteilung der Dreiergruppen für eine Kurswoche:

Für die Durchführung des Trainings ist es aus meiner Sicht und Erfahrung sehr hilfreich, eine möglichst optimale „Mischung" der Trainingsteilnehmer/innen in den Dreiergruppen vorzunehmen: zum einen werden die unterschiedlichen Möglichkeiten der Trainingsteilnehmer/innen allen zugänglich und zum andern entspricht die Zufallszuordnung den Gegebenheiten der Alltagsbegegnungen.

Die folgenden Zahlentabellen erleichtern die entsprechende Zuordnung:

Dreiergruppeneinteilung 9 TN

		Gruppe A	Gruppe B	Gruppe C
Montagnachmittag	R	9	1	8
	S	3	4	2
	C	6	7	5
Dienstagvormittag	R	2	6	4
	S	7	5	8
	C	1	3	9
Dienstagnachmittag	R	6	9	8
	S	4	2	1
	C	5	7	3
Mittwochvormittag	R	2	5	7
	S	1	3	6
	C	8	4	9
Mittwochnachmittag	R	1	3	9
	S	2	4	7
	C	5	8	6
Donnerstagvormittag	R	3	5	4
	S	8	9	7
	C	6	1	2
Donnerstagnachmittag	R	4	6	8
	S	9	3	5
	C	7	2	1
Freitagvormittag	R	2	7	3
	S	1	6	5
	C	8	4	9

Dreiergruppeneinteilung 12 TN

		Gruppe A	Gruppe B	Gruppe C	Gruppe D
Montagnachmittag	R	1	4	8	10
	S	2	5	7	11
	C	3	6	9	12
Dienstagvormittag	R	7	2	11	9
	S	1	5	3	6
	C	4	10	8	12
Dienstagnachmittag	R	6	12	8	4
	S	10	2	1	9
	C	3	7	5	11
Mittwochvormittag	R	7	3	4	1
	S	11	12	8	9
	C	6	5	2	10
Mittwochnachm.	R	12	6	9	11
	S	10	4	7	2
	C	8	5	3	1
Donnerstagvormittag	R	1	2	3	5
	S	12	6	8	10
	C	4	9	11	7
Donnerstagnachmittag	R	9	6	12	11
	S	5	3	7	4
	C	8	1	2	10
Freitagvormittag	R	7	5	2	10
	S	8	11	3	1
	C	6	12	4	9

Die auf den folgenden Seiten abgedruckten Wochenpläne geben eine Anregung, wie die 16 Kapitel des Trainingsbuches auf zwei Kurswochen aufgeteilt werden können; diese Aufteilung ist das Ergebnis meiner Erfahrungen mit Ausbildungskursen in zielorientierter Kurzberatung.

Besonderer Wert sollte zu Beginn einer Ausbildung darauf gelegt werden, dass es um ein Trainieren von Gesprächshaltung und Gesprächsführung geht. Das Training einer Fertigkeit erfordert die Bereitschaft, das zu trainierende Detail genau zu erfassen und es durch stete Wiederholung solange zu üben, bis es gekonnt wird. Die wechselnden Funktionen in der Dreiergruppe befördern das Training eines Details, indem im kooperativen Miteinander jede/r jeder/m helfen kann, das Trainingsziel zu erreichen.

Deshalb sind in den Wochenplänen die Trainingszeiten als Zeitkomplex angegeben, damit jede Dreiergruppe die verabredete Zeit optimal nutzen kann. Die eingeschobenen Aussprachen im Plenum schaffen Raum, sich über den Trainingsfortschritt der anderen zu informieren und Anregungen für die nächste Trainingsrunde aufzunehmen.

Die abschließenden Reflexionsrunden dienen der eigenen Standortbestimmung im Rahmen der Trainingswoche.

Eine Verabredung zu kollegialer Aussprache, Supervision und zum Training nach den Kurswochen in kleinen Gruppen (3–5 Personen) trägt entscheidend zum Umsetzen des Erlernten in die Praxis der Alltagsseelsorge bei.

Über *www.kurzgespräch.de* lässt sich eine Einzelsupervision und eine kollegiale Supervision via Internet einrichten; außerdem besteht dort ein Zugang zu einem Diskussionsforum „Alltagsseelsorge".

Programm der 1. Kurswoche

Montag

bis 10.00 Uhr	*Anreise*
10.30 Uhr	*Stehkaffee*
11.00 Uhr	Begrüßung und Einführung in das Trainingsprogramm
12.30 – 14.30 Uhr	*Mittagspause*
14.30 – 16.15 Uhr	„andocken"
	Theorie und 3 Übungen in Dreiergruppen mit zwei kurzen Pausen und drei Auswertungen im Plenum
bis 16.30 Uhr	*Kaffeepause*
16.30 – 18.15 Uhr	„Konfliktkarussell" Theorie und 3 Übungen in Dreiergruppen mit zwei kurzen Pausen und drei Auswertungen im Plenum

Dienstag

08.45 Uhr	*Kurzandacht*
09.00 – 12.15 Uhr	„sich ausdrücken" Theorie und 3 Übungen in Dreiergruppen mit zwei kurzen Pausen und drei Auswertungen im Plenum
12.30 – 14.30 Uhr	*Mittagspause*
14.30 – 16.15 Uhr	„Sesam, öffne dich!" Theorie und 3 Übungen in Dreiergruppen mit zwei kurzen Pausen und drei Auswertungen im Plenum
bis 16.30 Uhr	*Kaffeepause*
16.30 – 18.15 Uhr	„hoffen" Theorie und 3 Übungen in Dreiergruppen mit zwei kurzen Pausen und drei Auswertungen im Plenum

Mittwoch

08.45 Uhr	*Kurzandacht*
09.00 – 12.15 Uhr	„sich erkundigen" Theorie und 3 Übungen in Dreiergruppen mit zwei kurzen Pausen und drei Auswertungen im Plenum
12.30 – 14.30 Uhr	*Mittagspause*
14.00 Uhr	„Halbzeitbilanz"
bis 15.30 Uhr	*Kaffeepause*
15.30 – 18.15 Uhr	„Ziele formen" Theorie und 3 Übungen in Dreiergruppen mit zwei kurzen Pausen und drei Auswertungen im Plenum

Donnerstag

08.45 Uhr	*Kurzandacht*
09.00 – 12.15 Uhr	„Kraftquellen erschließen" Theorie und 3 Übungen in Dreiergruppen mit zwei kurzen Pausen und drei Auswertungen im Plenum
12.30 – 14.30 Uhr	*Mittagspause*
14.30 – 16.15 Uhr	„Lösungen erwirken" Theorie und 3 Übungen in Dreiergruppen mit zwei kurzen Pausen und drei Auswertungen im Plenum
bis 16.30 Uhr	*Kaffeepause*
16.30 – 18.15 Uhr	Fortsetzung „Lösungen erwirken" und „Auswertung der Trias: Ziele – Ressourcen – Lösungen"

Freitag

08.45 Uhr	*Kurzandacht*
09.00 – 11.00 Uhr	„Das schlüssige Ende" Theorie und 3 Übungen in Dreiergruppen mit zwei kurzen Pausen und drei Auswertungen im Plenum
11.00 – 12.15 Uhr	Feedback-Runde

Programm der 2. Kurswoche

Montag

bis 10.00 Uhr	*Anreise*
10.30 Uhr	*Stehkaffee*
11.00 Uhr	Begrüßung und Einführung in das Trainingsprogramm
12.30 – 14.30 Uhr	*Mittagspause*
14.30 – 16.15 Uhr	Auffrischung der 1. Kurswoche Theorie und 3 Übungen in Dreiergruppen mit zwei kurzen Pausen und drei Auswertungen im Plenum
bis 16.30 Uhr	*Kaffeepause*
16.30 – 18.15 Uhr	„Beziehungsmuster" Theorie und 3 Übungen in Dreiergruppen mit zwei kurzen Pausen und drei Auswertungen im Plenum

Dienstag

08.45 Uhr	*Kurzandacht*
09.00 – 12.15 Uhr	„Günstige Gelegenheit" Theorie und 3 Übungen in Dreiergruppen mit zwei kurzen Pausen und drei Auswertungen im Plenum
12.30 – 14.30 Uhr	*Mittagspause*
14.30 – 16.15 Uhr	„verstören" Theorie und 3 Übungen in Dreiergruppen mit zwei kurzen Pausen und drei Auswertungen im Plenum
bis 16.30 Uhr	*Kaffeepause*
16.30 – 18.15 Uhr	„beschleunigen" Theorie und 3 Übungen in Dreiergruppen mit zwei kurzen Pausen und drei Auswertungen im Plenum

Mittwoch

08.45 Uhr	*Kurzandacht*
09.00 – 12.15 Uhr	„Bilder, Metaphern, Symbole" Theorie und 3 Übungen in Dreiergruppen mit zwei kurzen Pausen und drei Auswertungen im Plenum
12.30 – 14.30 Uhr	*Mittagspause*
14.00 Uhr	„Halbzeitbilanz"
bis 15.30 Uhr	*Kaffeepause*
15.30 – 18.15 Uhr	„Geschichten als Lebensthema" Eigenarbeit, Kleingruppen, Plenum

Donnerstag

08.45 Uhr	*Kurzandacht*
09.00 – 12.15 Uhr	„Biblische Geschichten" Eigenarbeit, Kleingruppen, Plenum
12.30 – 14.30 Uhr	*Mittagspause*
14.30 – 16.15 Uhr	„Strategisch erzählen" Theorie und 3 Übungen in Dreiergruppen mit zwei kurzen Pausen und drei Auswertungen im Plenum
bis 16.30 Uhr	*Kaffeepause*
16.30 – 18.15 Uhr	Übungen über alles

Freitag

08.45 Uhr	*Kurzandacht*
09.00 – 11.00 Uhr	„Thema Seelsorge" Kleingruppen und Aussprache im Plenum
11.00 – 12.15 Uhr	Feedback-Runde

Seelsorge

Timm H. Lohse

Das Kurzgespräch in Seelsorge und Beratung

Eine methodische Anleitung

Mit einem Geleitwort von
Christoph Schneider-Harpprecht.
2., überarbeitete und erweiterte Auflage 2006.
164 Seiten, kartoniert
ISBN 10: 3-525-62384-4
ISBN 13: 978-3-525-62384-8

„Kann ich Sie kurz sprechen?" – Smalltalk gehört zum beruflichen Alltag auch in helfenden Berufen. Die Beiläufigkeit dieser meist zufälligen Gesprächssituationen lässt bewährte seelsorgliche und beraterische Therapiemethoden nicht zur Anwendung kommen. Doch auch in kurzer Zeit kann ein Gespräch geführt werden, das in einer Krisen- oder Konfliktsituation christliche, befreiende Hilfe zur Lebensgestaltung leistet.

Diese methodische Anleitung führt in eine neue, an der Praxis orientierte und in zahlreichen Fortbildungskursen erprobte Alternative zu herkömmlichen Seelsorgekonzepten ein, die Seelsorge überwiegend als Prozessgeschehen begreifen. Auf dem Hintergrund des systemischen Ansatzes und von Kommunikationstheorie und Semiotik erläutert der Autor die besonderen Gesetzmäßigkeiten, Möglichkeiten und Fallen des Kurzgesprächs. Zahlreiche Gesprächsbeispiele ermutigen dazu, die besondere Chance zu nutzen, die ein kurzes Gespräch für Rat Suchende bietet.

Traugott Weber (Hg.)

Handbuch Telefonbuchseelsorge

2., überarbeitete und erweiterte Auflage 2006.
279 Seiten, kartoniert
ISBN 10: 3-525-62386-0
ISBN 13: 978-3-525-62386-2

Was Telefonseelsorge genau ist, wissen nur wenige. Dieses Handbuch klärt auf.

Das Handbuch widmet sich neben Geschichte und Konzept der Telefonseelsorge ausführlich den Mitarbeitern, ihrer Ausbildung und der Bedeutung des Ehrenamts für ihre Tätigkeit sowie den Anrufenden und ihren Anliegen. Weitere Artikel sind dem Medium Telefon, dem neuen Angebot der Telefonseelsorge im Internet sowie der Zusammenarbeit der Telefonseelsorge mit anderen Krisendiensten gewidmet. Abschließend wird das Verhältnis der Telefonseelsorge zu Kirche und Theologie sowie zu Gesellschaft und Öffentlichkeit beleuchtet.

Die zweite, völlig neu bearbeitete Auflage trägt den Veränderungen der letzten Dekade Rechnung. Drei Beispiele seien hier genannt: durch den Kooperationsvertrag mit der Deutschen Telekom AG haben Ratsuchende die Möglichkeit, gebührenfrei die Telefonseelsorge anzurufen; die Telefonseelsorge bietet Seelsorge und Beratung nun auch im Internet an und die ehrenamtlichen Mitarbeiter der Telefonseelsorge haben sich zu einer eigenen Bundesvertretung zusammengeschlossen.

Vandenhoeck & Ruprecht

Peter Zimmerling (Hg.)

Evangelische Seelsorgerinnen

Biographische Skizzen, Texte und Programme

2004. 352 Seiten mit 19 Abb., gebunden
ISBN 10: 3-525-62380-1
ISBN 13: 978-3-525-62380-0

Dieser Band zeigt am Beispiel von insgesamt achtzehn Frauen eindrucksvoll, dass es in allen Jahrhunderten bedeutende evangelische Seelsorgerinnen gab, von denen einige eine hervorragende theologische Ausbildung hatten. Sie alle haben nicht nur praktisch Seelsorge geübt und sich durch ihren Mut und Zivilcourage ausgezeichnet, sondern sie haben auch seelsorgerlich ausgerichtete Veröffentlichungen vorgelegt, die hier zum Teil erstmals dokumentiert und interpretiert werden.

Christiane Burbach /
Peter Döge (Hg.)

Gender Mainstreaming

Lernprozesse in wissenschaftlichen, kirchlichen und politischen Organisationen

2006. 227 Seiten, kartoniert
ISBN 10: 3-525-60425-4
ISBN 13: 978-3-525-60425-0

Gender Mainstreaming zielt auf die Veränderung von Organisationskulturen, um Chancengleichheit für Frauen und Männer herzustellen. In einem gemeinsamen Lernprozess sollen Frauen und Männer ihr Alltagshandeln auf unterschiedlichen Ebenen reflektieren und gegebenenfalls korrigieren.

Das Buch gewährt Einblicke in Umsetzungsprozesse von Gender Mainstreaming in staatlichen, nichtstaatlichen und kirchlichen Einrichtungen. Darüber hinaus zeigen die Autoren Perspektiven auf, wie Gender Mainstreaming konzeptuell angelegt und inhaltlich ausgestaltet werden kann. Zudem werden Standards von Gendertrainings und Bausteine zur Umsetzung von Gender Mainstreaming vorgestellt. Gerahmt werden die Beiträge von theoretischen Reflexionen, die Gender Mainstreaming in aktuellen Debatten um Gerechtigkeit sowie um einen benachteiligungsfreien Umgang mit Unterschiedlichkeiten von Menschen verorten.

Vandenhoeck & Ruprecht